俄罗斯堪察加半岛上的卡雷姆火山正在喷发。

有些熔岩的温度可高达629摄氏度。

NATIONAL GEOGRAPHIC KiDS

美国国家地理

超级专家

火山

所有关于火山的最新知识

[美]莉拉·纳尔吉　[意]阿里安娜·索尔达蒂 著
高天羽 译

中国纺织出版社有限公司

目录

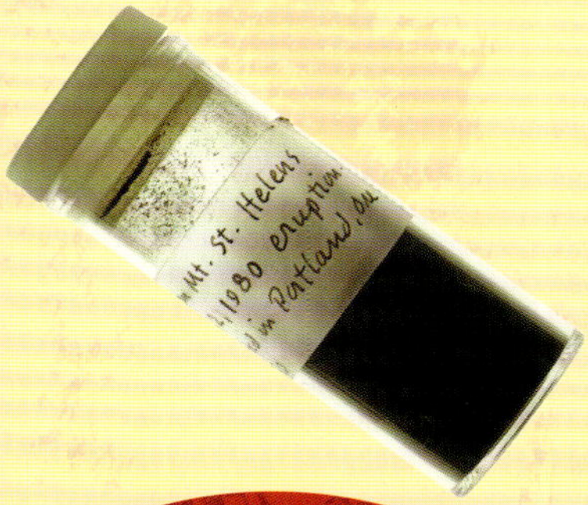

第一章

第二章

第三章

与火山共存 59

第四章

严肃的科学 85

这里是法国留尼旺岛上的富尔奈斯火山。

阿里安娜·索尔达蒂

前 言

我向来是一个充满好奇心的人。从很小的时候起，我就知道火山科学将会成为我的事业。直到现在，我还清楚地记得自己对火山产生兴趣的那一刻。那是1991年，我大概才两岁，菲律宾的皮纳图博火山喷发了。我当时在几千千米以外的意大利米兰，在我从小长大的那座房子里。我的父母在看新闻，电视上播放着火山喷发的镜头。那场面真是震撼人心，只见泥流滚滚，一大片尘云冲上天空。这幅火山喷发的画面给我留下了深刻的印象。我的家人可以作证：在那之后一连几周，我每次开口就会提到火山。

那是我第一次见识到火山的威力，我知道那也绝不会是最后一次！我想要了解火山，知道得越多越好，我开始喋喋不休地谈论火山。等长大一些之后，我总是劝说父母带我去有火山的地方度假。12岁那年，这个愿望终于实现了。父母答应带我去意大利古城庞贝附近的维苏威火山旅行。这座火山当时已经不再喷发了，于是我执意要和他们一起爬上山顶。爬上这座火山对于一个城里孩子来说是相当艰难的。每走一步，地势都变得更加陡峭，山上也没有可以遮阳避暑的地方。但那风景实在雄伟壮丽：眼前的红色火山岩前开着初春的黄花，远处则是湛蓝的地中海。

登上山顶后，我在火山口的边缘向下望去。它比我想象得还要深，火口壁笔直地向下。火山口里只有一半被阳光照耀，其余部分都藏在阴影里。我在前一天已经游览了庞贝古城，公元前79年，就是维苏威火山的喷发摧毁了它。我不由得想象起这座火山在当时是什么样子。虽说它现在已经平静了下来，但我依然能感受到它蕴含的威力。我在火山口边缘逗留，俯视着地球的内部，感受着和这颗星球息息相关的事物。我完全被迷住了！

现在就请跟随着我，一起在本书中探索大自然不可思议的奇迹吧！我已经迫不及待地想要和你们分享我的经历了！

——阿里安娜·索尔达蒂

阿里安娜·索尔达蒂在研究富尔奈斯火山的火山砂，它们都是由橄榄石构成的。

在夜空中喷发的
斯特龙博利火山。

第一章
火山，火山，到处都是火山！

专家寄语

阿里安娜·索尔达蒂

中学时，我曾和另外几个国际留学生一起去夏威夷的大岛旅行。

我们都很兴奋，因为终于能暂时躲避蒙大拿州的寒冬，去夏威夷沐浴阳光，还能和海龟一起畅游。

但我最期待的还是去基拉韦厄火山的那一天，因为那是世界上最大的火山之一！

出发那天，我们驱车前往火山，一路的风景随着车辆的行驶而变化。当我们到达山顶，放眼望去，周围只有一望无际的黑色火山岩。在我们脚下的是哈雷茂茂火山口，这个椭圆形的大坑有将近1千米宽。现在，这个火山口里已经有了一片熔岩湖，但当年我去游览时，里面还看不到任何熔岩。真可惜！

观察过哈雷茂茂火山口之后，我们又驶上了著名的“断头路”（road to nowhere）。这条道路被熔岩流反复冲刷，大家都懒得再去修理它了。到了傍晚时分，我们走出轿车，打着手电、戴上头灯，行走在冷却的熔岩上。我们的目的地是火山观测站人员放置了几架望远镜的地方，这些望远镜正对着基拉韦厄火山的熔岩流。此时天色已暗，唯一的亮光来自一条熔岩，它散发着红光，沿着悬崖流入海洋。熔岩入水后立即变成了黑色，两者接触的地方，海水也化作蒸汽。这是我在这趟旅行中感受到的最精彩的时刻。

那一年，我还去怀俄明州的黄石国家公园参观了另外一座著名火山。这座火山和大家想象的不一样。它并不是“山”，也没有活跃的熔岩流，它的火山口极其庞大，就算站到了里面你也意识不到正身处火山之中。那里能看到的只有间歇泉（向外喷涌热水和蒸汽的泉眼）和温泉，数量有数百口之多！这些地热特征都说明，附近有一个岩浆源。在这些间歇泉和温泉里，栖息着大量颜色鲜艳的细菌和藻类，有些温泉简直像彩虹一样绚丽！科学家认为，地球上最早的生命就是在像黄石公园这样的地方形成的。

这些经历在我的心中激起了敬畏，也让我亲眼见识了火山的奇妙：原来它们是一个个不断变化的活跃系统。

基拉韦厄火山的哈雷茂茂火山口。

唯一的亮光来自一条熔岩，
它散发着红光，
沿着悬崖流入海洋。

在怀俄明州的黄石国家公园，游客们观赏着这口大棱镜温泉，惊叹于它绚丽的色彩。

火山极具危险性和破坏性，也蕴含着不可思议的巨大威力。

它们能摧毁整片森林、整座城市，并使得庄稼枯萎、人民挨饿。

它们还能向大气中喷出有毒的气体，并射出熔岩和石块构成的“炸弹”。火山灰能一连好几个月将地球上的部分地区遮蔽在黑暗之中。火山中的岩浆——还在火山内部的、炽热的液态岩石能达到1,160摄氏度高温；它们的熔岩——岩浆从地球内部喷出之后能达到629摄氏度。熔岩喷射到大气时的力度相当于核弹爆炸。曾有一座火山在喷射时发出了巨响，就连64.4千米之外一艘船上的水手都被震破了耳膜！

然而说来奇妙的是，火山也塑造了我们这颗行星。它们形成了大洋底部的海床；它们在土壤中注入了丰富的养分，让我们种植出有益于健康的食物；它们喷出的各种气体甚至还创造了地球的大气。是的，正因为火山在创造和再造中的关键作用，地球才变成了今天我们看到的模样。不过在太阳系中，地球并不是唯一拥有火山的地方。

地球之外

火山不仅塑造了地球，也在亿万年的时光中塑造了太阳系的其他天体。事实上，科学家在太阳系的大多数行星、甚至在它们的少数几颗卫星上都发现了火山的踪迹。这些火山有的早就成了死火山，但有一些还活跃着。科学家还认为，在一颗外部行星上也有火山活动的证据，所谓的“外部行星”就是位于太阳系之外的行星。这颗行星名叫“巨蟹座55e”，距离地球40光年。随着对太空的研究越深入，我们就会发现越多关于火山

基拉韦厄火山的熔岩正滚滚流入海洋。

的精彩事实，它们不只在地球的周围存在，更是遍布整个宇宙！

在地球之外，科学家研究的第一个天体是月球。天文学家从几千年前就开始仰望月球了，最初靠的是肉眼，后来有了简单的早期望远镜。现在他们又有了更精密的设备，能从远在384,633千米之外的地球上探索月球的独特面貌了。到了二十世纪六七十年代，当美国航空航天局实施阿波罗登月计划时，宇航员们终于能亲身到月球表面去观察它了。

1969年7月，宇航员巴兹·奥尔德林在月球表面上行走。

1969年，当宇航员巴兹·奥尔德林和尼尔·阿姆斯特朗在月球的静海降落时，他们成了第一批踏上月球的人。他们脚下的并不是早期天文学家构想的远古海床，而是一大片凝固的熔岩。两位宇航员将月岩的样本带回了地球分析，科学家们发现这些样本的成分是一种叫作“玄武岩”的火成岩，这种岩石也构成了地球上最常见的几种熔岩。它们是在很久以前被喷射到月球表面的，当时月球的核心还是部分熔化的岩浆。

在月球上，火山的活动，或者说“火山作用”和地球上并不相同。月球上的大部分火山都位于月球的一面，而地球上的火山却分布在地球各处。另外，有许多科学家认为月球上的气体较少，因此熔岩无法像在地球上的一些火山那样，从月幔中爆炸喷出。他们猜想，月球的熔岩一定很轻易地从地下流到甚至滑到表面，它们最终填满了月球表面的环形山，并形成了巨大平坦的“海”，而不是像地球上那样耸起高山。

被日本阿苏山的火山灰毁坏的苹果。

科学家发现，构成月球表面的是一种被称为“玄武岩”的火成岩。

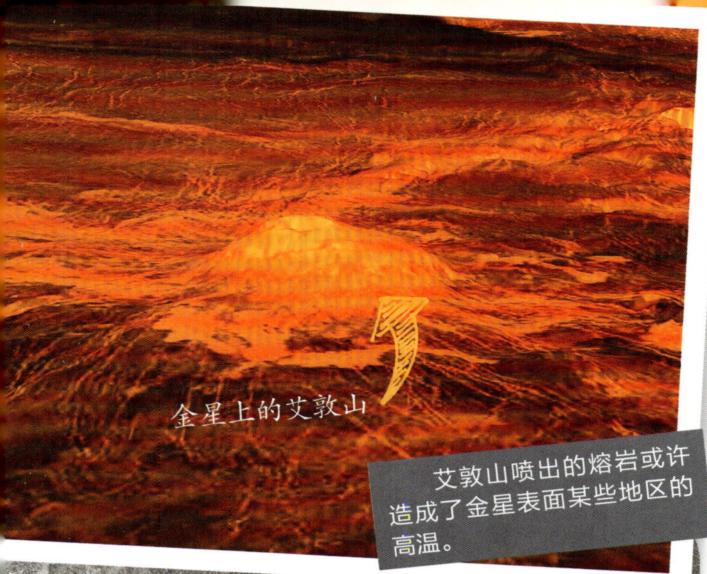

艾敦山喷出的熔岩或许造成了金星表面某些地区的高温。

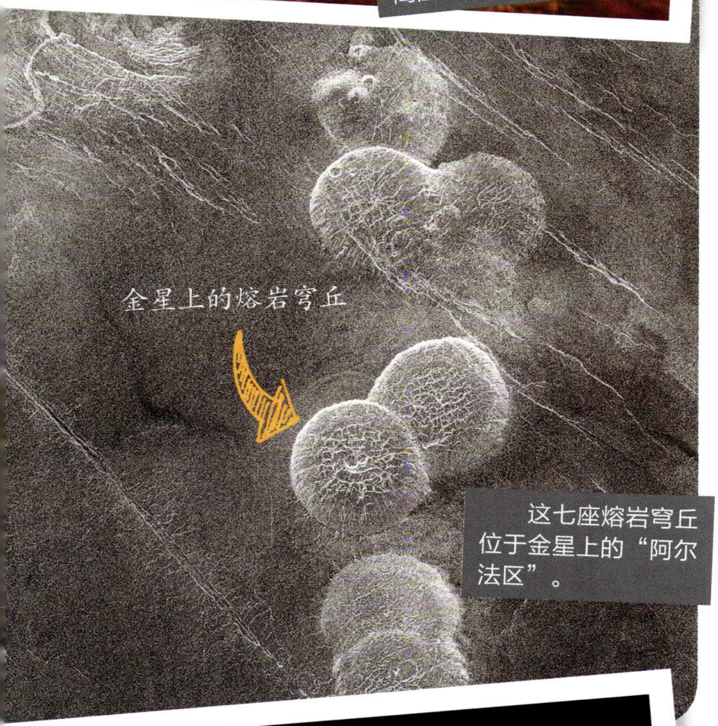

这七座熔岩穹丘位于金星上的“阿尔法区”。

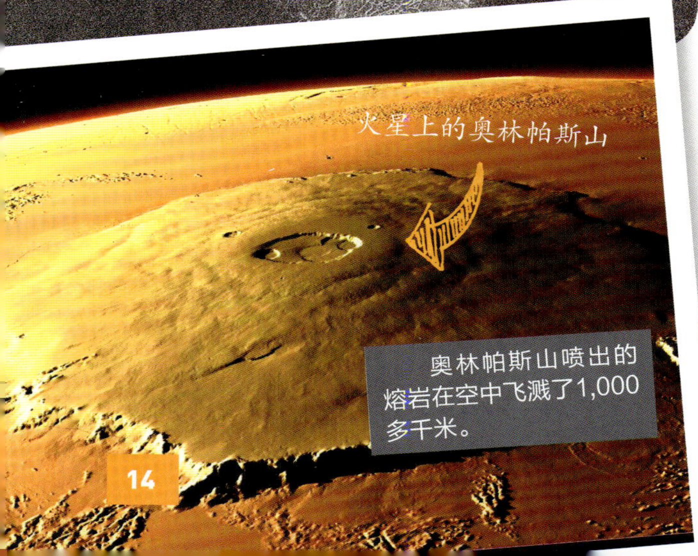

奥林帕斯山喷出的熔岩在空中飞溅了1,000多千米。

关于月球的火山活动，经常会有新的发现。1971年，科学家在月球表面发现了70块模样奇怪的熔岩斑，它们和别的熔岩斑很不一样。经过一番研究，他们在2014年总结出这些斑块是大约1亿年前，月球上几次剧烈的火山喷发造成的。这个年代虽然听起来很久远，但它却意味着月球的上一次火山喷发比先前科学家预测得要近得多。

2016年，研究者又有了新的发现，他们发现月表的下方贯穿着巨大的熔岩管。这些管道是在熔岩流的下方形成的，是输送熔岩的通道。月球上的这些熔岩管，是亿万年前熔岩冷却之后留下的遗迹。其中的一些管道有1.6千米粗，96.6千米长！

除了地球，其他行星上也有惊人的火山。金星上的休眠火山比太阳系中的任何行星都多，它的活火山数目也可能是太阳系最多的。不过地球人却从来没有观测到过金星上的火山爆发。这是因为金星周围的大气里充满气云，使得我们无法看清它的表面。不过，这些气体也是重要的线索，它们表明金星上有火山的存在，而且其中的一些或许仍在活动！环绕金星的大气中含有大量浓厚的二氧化硫，那都是由火山喷射出来的。

此外还有别的线索。比如我们知道，金星的表面有90%是玄武岩。这种岩石是早期的熔岩流冷却板结后形成的。这些熔岩似乎也塑造了金星表面的大片区域。我们还知道，金星表面虽然本来温度就很高——大约471摄氏度，但是围绕它飞行的航天器还测到过温度更高的热点。科学家猜测，这些热点的高温可能是由一座名叫“艾敦山”的火山喷出的五道熔岩流造成的。

和金星一样，火星上也有许多火山。你或许听说过其中最著名的一座：奥林帕斯火山。这是一座巨大的火山，高度超过25.7千米，直径将近500千米，超过了美国科罗拉多大峡谷的长度。

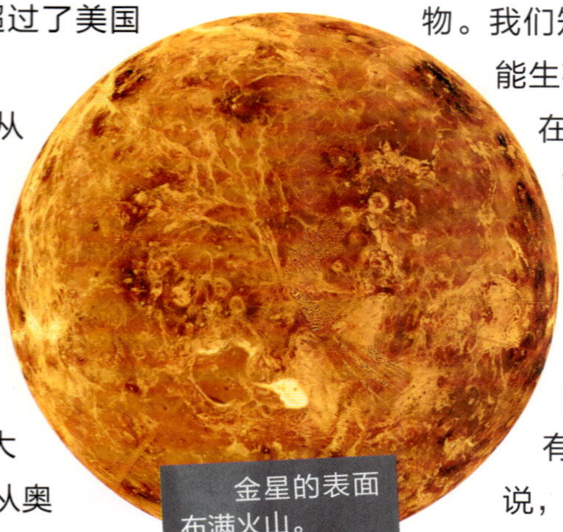
金星的表面布满火山。

幸运的是，地球上还从来没有出现过这么巨大的火山。火星上有，是因为火星上没有会移动的构造板块，不能像地球那样可以让岩浆在不同的时间、从不同的地点涌出。于是，在大约几十亿年前，当岩浆开始从奥林帕斯火山涌出之后，它们就沿着这个唯一的出口源源不绝地喷涌了下去。亿万年中，凝固的熔岩渐渐堆出了一圈缓坡，由此形成了我们今天见到的这座巨大的火山。

奥林帕斯山不是火星上唯一的巨型火山。在同一个地区还有一座被称为“亚拔山”的火山，它喷出的熔岩曾经朝一个方向飞溅了2,000千米，朝另一个方向飞溅了3,000千米。它的边上是高耸的阿尔西亚山，高度是珠穆朗玛峰的两倍之多。它的破火山口，也就是山顶上那个弹坑形状的凹陷，直径足足有111千米。

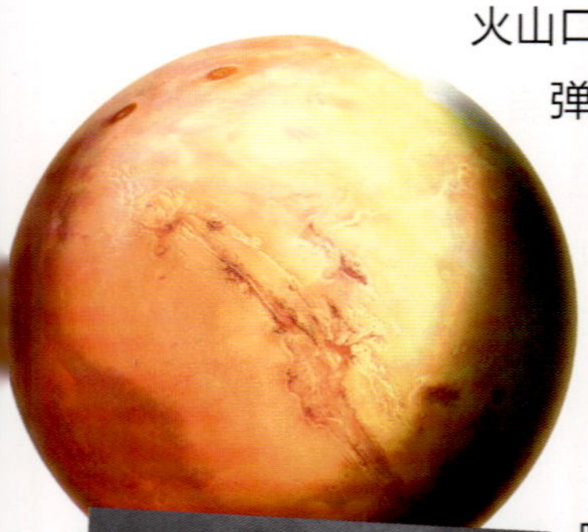
火星上的火山喷出的熔岩源源不断地流淌着。

按照科学家最近的推测，阿尔西亚山大约在5,000万年之前就停止了喷发。但研究者仍对这座火山兴趣盎然，因为他们认为它的一次喷发可能会熔化火星的冰川，并创造了巨大的湖泊。如果真是这样，那么这些湖泊就可能存在了很久，并孕育出了细菌或其他生物。我们知道，一切生物都要有水才能生存。一个地方只要有水，它在过去、现在或者未来就有可能存在生命。这些火山或许能帮助我们证明火星生命的存在！

科学家搜集了各种证据，证明其他天体上也可能有火山喷发。但是一般来说，他们并没有机会亲眼见证这样的喷发。只有木卫一是一个罕见的例外：1979年，人类第一次看见了在地球以外的一座火山喷发。那是宇宙飞船“旅行者一号”飞过木星的第五颗卫星的时候，当时两者相距4,184,294千米，旅行者一号拍下了不可思议的一幕：在木卫一上有八座火山正同时喷发。

从那之后，科学家又观测到了木卫一上的火山喷出了483千米高的熔岩和硫磺。他们还在这颗卫星的表面发现了一些洞口，从里面喷出了冻结的蒸汽和“火山雪”。事实证明，木卫一是已知太阳系中火山活动最活跃的天体，到今天为止，人们已经在它上面统计出了160座活火山。虽然它的表面有一块块霜冻的土地，但它也蕴藏着最炽热的熔岩，它们的温度超过1527摄氏度。科学家相信，木卫一上的一些熔岩和地球上的熔岩十分相似，都是由玄武岩构成的。但他们也认为其中的另一些还含有硫磺及二氧化硫，由此形成了如同雨伞一般的火山喷发柱，并在木卫一的表面留下了许多红色、黑色和白色的灰烬。

到今天，研究者仍在对木卫一进行仔细的观察。借助美国国家航空航天局的探测器旅行者一号，科学家已经收集了许多关于木卫一以及宇宙其他角落的数据和图像。现在他们还能通过强大的望远镜在地球表面观察木卫一，这些望远镜已经能帮助他们看到627,644,160千米之外的远方了！如果有其他航天器在飞往别处探索的路上经过木卫一，它们也会收集这颗卫星的数据。多亏了它们的观察，科学家似乎已经明白了为什么木卫一上的火山会如此活跃：木卫一是环绕木星运转的，而木星的引力非常强大，以至于对木卫一的内部制造了巨大的摩擦力。这股摩擦力在木卫一的内部产生了热量，使它变得炙热并且熔化。从摩擦和热量中又产生了巨大的能量，推动木卫一的火山朝着太空喷发。

木卫一拥有最炽热的岩浆。

由于木卫一的火山喷发实在太剧烈，科学家已经在它的表面观察到了显著的变化。当航天器掠过木卫一并拍下照片，科学家就能发现它的火山喷出的熔岩比上一批照片里又多了多少。

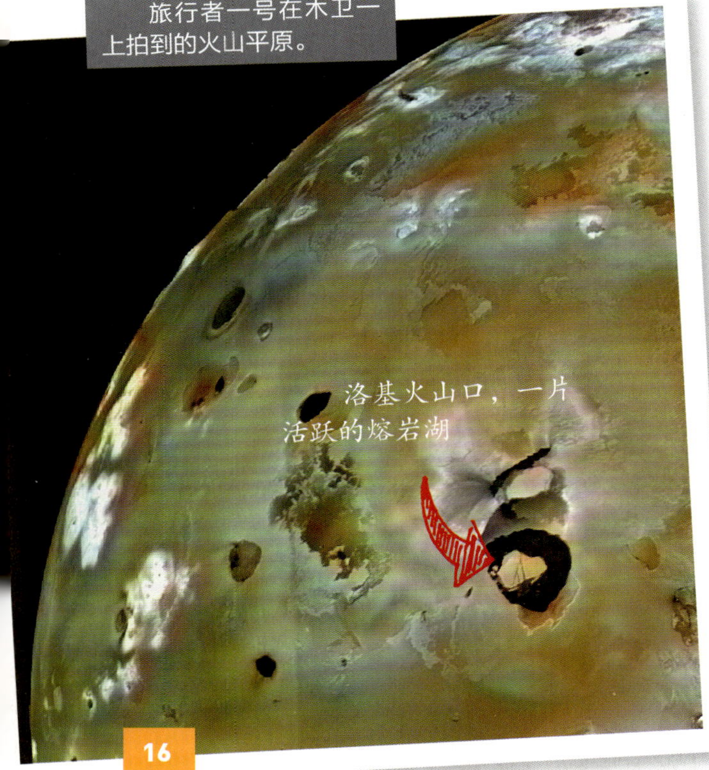

旅行者一号在木卫一上拍到的火山平原。

水面之下

回到家乡，我们的地球上共有大约1,500座活火山，也就是科学家认为随时都会喷发的火山。其中有500座曾在人类开始记录它们的信息之后喷发过。不过，地球上还有许多火山是人类不曾亲眼见过的，因为它们都存在于水下。据估计，地球上大约有80%的火山是在海底喷发的，人类往往对它们毫不知情。

在水下，熔岩流动缓慢，但冷却得很快。时间久了，有的熔岩越堆越高，最后从水面上探出头来，于是“哗啦”一声！一座岛屿就这样诞生了。你知道吗？夏威夷的每一座岛屿都是这样形成的，加拉帕戈斯群岛也是，就连冰岛都是如此。说来奇妙的是，新的岛屿随时都在诞生。2013年，日本东京以南的海面上就出现了一座火山岛。但是这

冰火山喷出的是一种冰冷的泥浆，称为**“冰岩浆”**，里面包含了水、甲烷和氨气等物质。

艺术家描绘的海卫一冰火山喷发

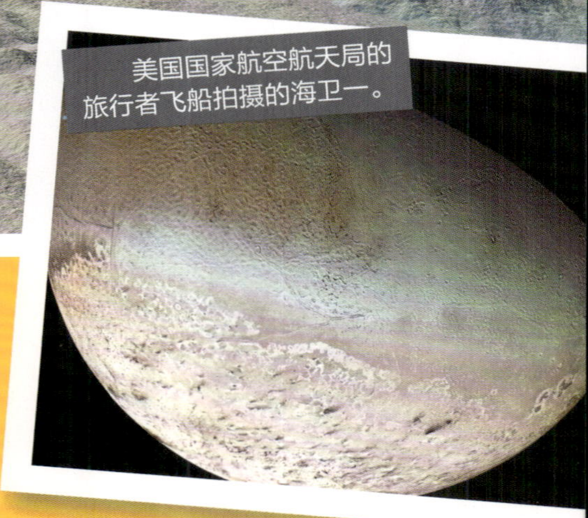

美国国家航空航天局的旅行者飞船拍摄的海卫一。

什么是冰火山？

你已经知道，有的火山喷出的是炽热的熔岩。可是你知道吗？还有的火山喷出的是冰。木卫一等天体的表面布满了冰火山。在比火星更加遥远的地方，至少有五颗卫星和矮行星（科学家所说的“矮行星”，指的是那些围绕太阳运转，却没有足够的引力将其他更小的天体吸过来或推出去的行星）上有冰火山：它们是木星的卫星木卫二、土星的卫星土卫二和土卫六、海王星的卫星海卫一，以及谷神星和冥王星这两颗矮行星。

和一般的火山一样，冰火山的喷发也是因为它们所处的行星、卫星或者其他天体积累了热量和压力。如果火山形成的行星或卫星上有许多岩石，它们就会喷出由熔化的岩石构成的熔岩。而冰火山喷出的却是一种冰冷的泥浆，称为“冰岩浆”，其中包含了水、甲烷和氨气等物质。在卫星或行星的表面下方，这些物质温度适中，以固态或液态的形式存在。随着时间推移，它们的温度越来越高，最后变成了气态。接着压力越来越大，将这些物质喷射到了天体的寒冷表面，使它们立刻冻结。

美国夏威夷州可爱岛的纳帕利海岸。

绘制海床的地图

科学家对水下火山了解很少的原因之一是他们不知道该去哪里寻找这些火山。但是到2014年，这个情况有了变化。那一年，研究者为整个大洋底部绘制了一幅详细的新地图。就这样，之前认为水下只有5,000座火山的我们，一下子就知道了水下至少有10,000座火山。在这个过程中，我们还发现了两条以前从来不知道的巨大火山脊。其中的一条位于墨西哥湾水下，宽度相当于美国的得克萨斯州；另一条位于南大西洋，长度达到不可思议的805千米。到今天为止，这条火山脊上的火山都还没有喷发过。（至少就我们所知的，并没有！）

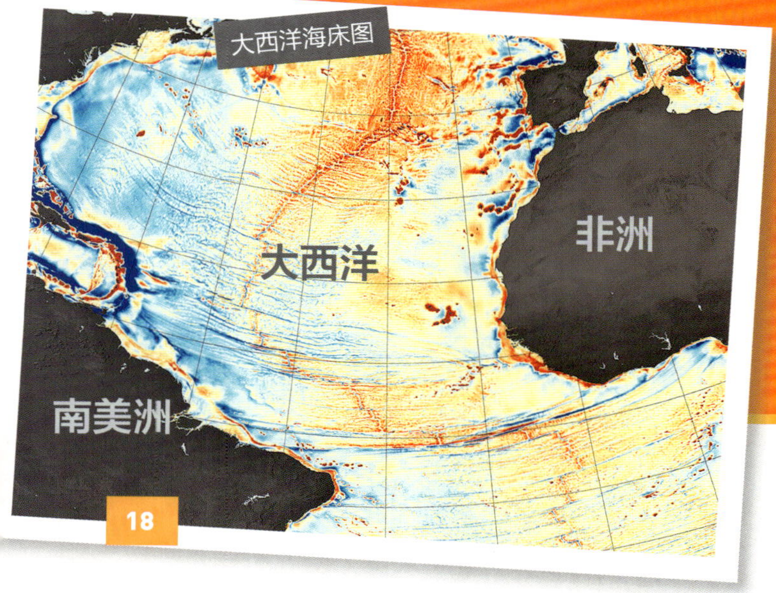

大西洋海床图

些岛屿也常常会被海浪侵蚀，还没等到鸟儿、昆虫或树木（还有人类！）上去安家，它们就消失了。不过也有的岛屿会保留下来，并永久地改变我们看到的这个世界。

海底黑烟囱

不管在水上还是水下，火山都是一样的，对吧？不对！有些火山可不一样，比如那些海底黑烟囱，或者叫“海底热泉”。这些水下结构是一艘潜艇（能够完全在水下航行的船只）在1977年发现的，当时它正在研究加拉帕戈斯群岛附近的水域。海底黑烟囱是因为海床上的裂缝形成的。这些裂缝并不会喷出熔岩，而是让低温的海水渗透到地壳下方。在那里，冰冷的海水遇上了火热的地幔。地幔加热海水，由此形成强大的压力，使海水向上喷射回去。

阿尔文号深海潜艇帮助科学家研究深海。

这些海底热液柱的温度可以达到371摄氏度，里面夹杂着硫、铜、金、锌、铁等矿物质，那都是随着海水的流动被卷进去的。这些矿物质硬化之后，就在裂缝周围形成了细小的烟囱。

大多数海底黑烟囱的深度都超过1.6千米，分布在所谓的“大洋中脊”附近。大洋中脊是两个构造板块相互分开的地方。海底黑烟囱对周围的生物有着重要作用，这些地方太过黑暗，原本不可能有生物在这里生长。因为没有阳光的照射，这里就没有办法进行光合作用制造能量，为植物提供“食物”。但是从海底裂缝中喷出的硫和其他矿物质及化学物质却养

加拉帕戈斯群岛的一座海底黑烟囱。

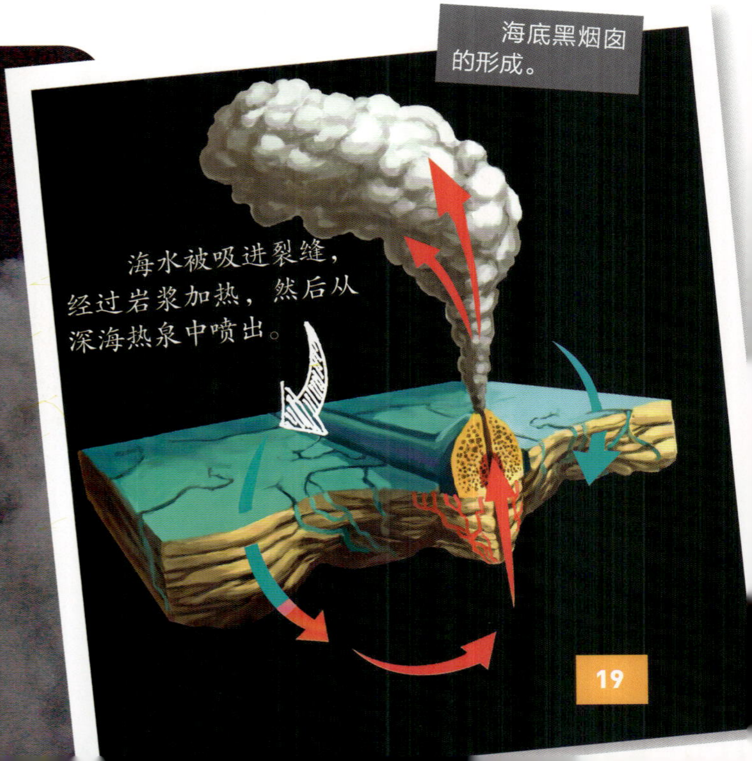

海底黑烟囱的形成。

黑烟囱里的生物

生活在极端环境中的生物被称为“嗜极生物”。海底黑烟囱的周围就生活着数千种嗜极生物，它们都有着了不起的本领。以下介绍的只是冰山一角。

甲烷嗜热菌是一种微小的生物，它喜爱盐分和热量，能在110摄氏度的高温中生存。它把家安在温度奇高的海底黑烟囱的“烟囱管”里，在那里“吃下”氢气，并将氢气转化成甲烷。

海底脱硫弧菌是一种寄生在庞贝蠕虫肠道内的细菌，庞贝蠕虫体长1米，在海底黑烟囱上方生活。海底脱硫弧菌“吃下”硫元素，并将它转化成其他化合物，供庞贝蠕虫食用。

绿色硫磺细菌是一种极小的嗜极生物，和海底脱硫弧菌一样，它们的生存依赖于硫，但是光也必不可少。但是这些水下管道里又没有阳光，那么绿色硫磺细菌该怎么办呢？只能寻找别的光源喽。它们捕捉了被火山加热的岩石中产生的放射性光线。

这些灼热的深渊里还生活着一些有趣的动物，包括称为“桡足类”的甲壳动物，以及水蛭、海绵、水母、海星、鳗鱼、海葵、蛤蚌和蟹。在这里，即使是完全出乎意料的地方也孕育着勃勃生机！

生活在新西兰附近的深海熔岩上的海胆。

生活在太平洋中一处海底热泉上方的贻贝和虾。

活了微生物，这个过程叫作“化能合成”：微生物吃下硫后生产出化合物，这些化合物再养活别的生命形式。这个过程创造了一个生态系统。微生物和其他生物也形成了共生关系，这是一种对双方都有利的安排。举个例子：微生物在巨大的管虫身上安家，作为回报，它也为管虫生产食物。

关于黑烟囱，最惊人的或许是这样一件事：科学家认为，或许地球上所有的生命，都是大约四十亿年之前从黑烟囱里诞生的！

如果从海床上的山脚算起直到山峰，冒纳凯阿火山才是地球上最高的山。

海山特写

“海山”就是海底的火山。它们通常从海床向上伸展914至3,962米，有的甚至会伸出海面成为岛屿。夏威夷的冒纳凯阿火山最初就是一座海山（严格来说，它才是地球上海拔最高的山！）。海山在海床上占据了很大的面积。有人估计，它们总共占地46,619,786平方千米，超过地球上的任何一种栖息地。海山的功能是将营养物质从海洋底部向上输送，这些物质养活了珊瑚、海扇、鱼类、甲壳类和许多只在海山周围的专门生态系统中生存的生物。

轴海山

距美国俄勒冈州海外仅483千米就有一座海底火山，高0.8千米，名叫“轴海山”。这座火山对我们研究如何预测火山爆发有很大的帮助。它是胡安·德富卡中脊上最活跃的一座火山，中脊是两个构造板块分开并流出熔岩的地方。

科学家开始观察轴海山之后，很快就发现了它的许多有趣特征。首先，它在2011年喷发之后并没有直接休眠，而是马上像气球似的又膨胀了起来。这是因为它下方的海床开始上升，说明其内部再次注满了岩浆。到2015年4月，当又一次火山喷发临近的时候，每天的地震都超过了2,000次。4月24日，当轴海山终于喷发时，每小时的地震就达到了600次！

部署在轴海山的一条火山通道口的监测设备。

轴海山的岩浆通过两条火山通道喷出，其中的一条伸展到了惊人的14.5千米。一个月后，当轴海山停止喷发时，它已经向太平洋倾泻了3,000亿升的岩浆。这次惊人的事件让科学家对火山喷发之前的征兆有了新的理解。在将来，这些知识或许能帮助我们更好地预测陆地上火山的喷发时间——也帮助我们挽救更多生命。

最大最强

事实证明，所有的火山都蕴藏着强大的力量。但火山之间也有大小、强弱之分。下面就介绍几个火山界的明星。

最大的火山

判断火山的大小有几种方法，其中一种是测量它的高度。照这个标准，夏威夷的冒纳凯阿火山显然是第一。它的山顶位于海平面上方4,205米，但是如果你潜入太平洋，从它真正的山脚开始测量，就会测出它有10,211米高。这个高度不仅是世界第一高的火山，也是世界第一高山，它甚至超过了喜马拉雅山的珠穆朗玛峰，后者从山脚到山顶高8,848米。虽然冒纳凯阿火山最近的一次喷发是在大约4,500年前，但科学家认为它仍是一座活火山，因为它的下方仍有岩浆，这就意味着它不会一直休眠状态。

说到占地面积之大，那么排名第一的应该是日本海外大约1,609千米的大塔穆火山。这座死火山的形状像一只碗，占地超过258,999平方千米，比整个美国新墨西哥州还大。和它相比，世界上最大的活火山就小多了：那是夏威夷的冒纳罗亚火山，占地只有大约5,180平方千米。大塔穆火山的庞大身躯是从大约1.45亿年前开始形成的。在很长一段时间里，科学家都不知道有这样一座火山的存在。当它在1993年终于被人发现时，大家都误以为那不是一座巨大的火山、而是三座。因为说起来难以置信：要看清它的样子竟然很不容易，因为这座大塔穆火山，其实位于太平洋下方约2,000米的位置。

最强的火山

美国的黄石公园是一座景色迷人的国家公园，位于怀俄明、蒙大拿和爱达荷三州的交界处。公园里还坐落着一座超级火山。超级火山之所以“超级”，是因为它比普通火山的威力强了几千倍。

超级火山的外观往往不像火山，反而像是地面上的一处陷坑。这些陷坑被称为“破火山口”，连接着地壳下方的巨大岩浆室。超级火

夏威夷的冒纳罗亚火山是地球上最大的活火山。

山喷发之后，抽空一半的岩浆室上方的地面会崩塌，于是就形成了这些巨大的陷坑。

黄石公园其实由三个破火山口构成，它们分别是由210万年、130万年和64万年前的三次巨大喷发形成的。科学家认为，如果公园地下的那些岩浆室再次注满并且喷发，它们就会喷出大量灰尘，摧毁整个美国中西部的农作物，并污染大河小溪。那时候，鱼类将会死绝，河水也无法饮用。这样一次爆发还会在10多年的时间里挡住阳光，使我们的世界发生巨变。

1938年的黄石国家公园海报。

但科学家也表示，目前并没有证据表明黄石公园的破火山口下方正在积累岩浆，在不久的将来也不会有火山喷发。

不过这些科学家也可能过于乐观了。1600年，当秘鲁的小火山于埃纳普蒂纳火山喷发时，当时的科学家同样没有料到这会是南美洲规模最大、并且在全世界规模罕见的一次喷发。喷发之前，于埃纳普蒂纳火山引发了一系列强烈的地震，震动的时间相加达到四天。喷发时，它向空中射出了一道高度接近35.5千米的烟灰柱。火山灰坠落了11天之久，覆盖了580,157平方千米的土地，将人类、动物、庄稼和房屋纷纷掩埋。喷发伴随着震耳欲聋的雷声，一连40个小时不见天日。喷发结束时，有好几个村庄和两座城市被毁，无数村民死亡，滚热的泥流冲进海洋，延绵了121千米。

另一次巨大的火山爆发发生在1883年，地点是印度尼西亚的喀拉喀托岛，这次喷发的威力比第二次世界大战时美国投放在日本广岛的原子弹强13,000倍。超过36,000人在喷发中丧生，其中许多人都死于火山爆发引起的巨大海啸。当时甚至有一团灼热的气体夹带着岩石迅速扫过海面，到达了约38.6千米之外的一座岛屿。

黄石公园的城堡间歇泉。

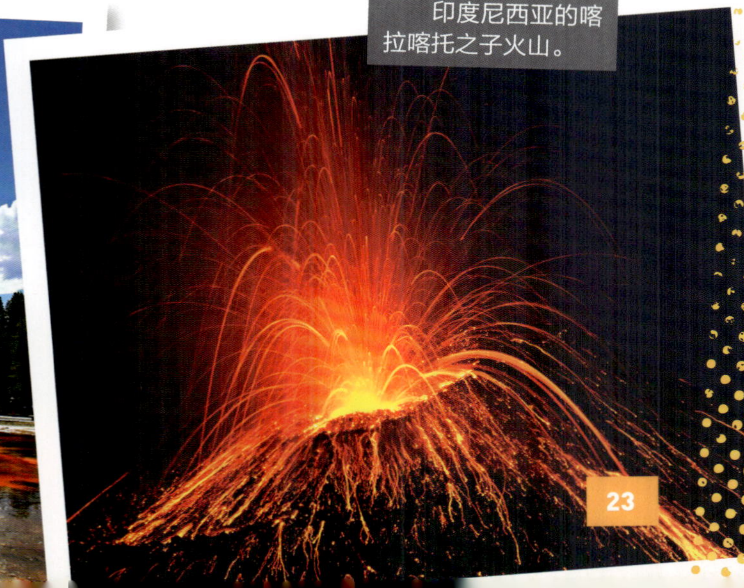
印度尼西亚的喀拉喀托之子火山。

位于万烟谷的诺瓦鲁普塔火山口。

火山爆发的巨响在将近4,828千米之外的地方都能听见，喷出的火山灰飞到了大约6,116千米之外。火山喷发后的第一年，那里的气温下降，直到第五年才恢复正常。直到今天，喀拉喀托火山仍在经历一系列小型的喷发，并在为一次大型喷发酝酿着，但谁也不知道这次大型喷发会在什么时候发生。

20世纪最大的一次火山喷发发生在1912年6月，地点是阿拉斯加的万烟谷，那座火山的名字叫“诺瓦鲁普塔”。它喷出的熔岩来自卡特迈火山下方、深入地壳9.7千米的一座岩浆室。诺瓦鲁普塔火山喷发之后，卡特迈火山立刻塌陷成了一座直径3.2千米的破火山口。远在1,207千米外的朱诺市都能听见火山喷发伴随的巨响。火山灰更是落到了161千米外的科迪亚克岛上，落灰持续了三天。火山灰还乘风一直飘到了非洲。幸运的是，诺瓦鲁普塔火山附近的村民已经提前几天关注了地震情况，在火山喷发时他们大部分都疏散了。据目击者说，火山喷发时天空漆黑一片；当地一处海湾的海水翻出了一片白色的泡沫；空气中布满灰尘，使人呼吸困难；河里还漂浮着死去的鲑鱼。自有历史记载以来，诺瓦鲁普塔火山的这次喷发能排到前五位。

最活跃的火山

在意大利南部水域，爱奥尼亚海、地中海和第勒尼安海交汇的地方，有一个名叫“卡拉布里亚弧形”的地质结构。在这里，两个构造板块相互撞击，一块插到了另一块的下方，由此形成了两座世界上最活跃的复式火山，一座是斯特龙博利火山，另一座是埃特纳火山。

斯特龙博利火山坐落在斯特龙博利岛，位于意大利西西里岛外的海面上。这座岛屿是由熔岩“建造”的，自从斯特龙博利火山在20万年之前开始喷发起，这座岛屿就一直在“长大”。过去2,000年中，斯特龙博利火山一直在断断续续地喷发，从1932年起，它的喷发更是几乎没有断过。有时它会在顶部喷出蒸汽，每隔15分钟左右就向空中射出大量熔岩。这些熔岩十分明亮，在很远的地方都能看见，斯特龙博利火山也因此获得了“地中海灯塔”的绰号。

在斯特龙博利火山南面的西西里岛上，埃特纳火山已经喷发了将近50万年！它喷出的物质大多来自高3,320米的山顶附近的几条火山通道。埃特纳火山是欧洲最大的火山，也是地球上最高的火山之一。在17世纪，埃特纳火山的熔岩改变了西西里岛的海岸形状。到20世纪80年代，它的喷发又摧毁了成片的森林和葡萄园。不过这位人们口中的“友善的巨人”也为岛民提供了适合庄稼生长的肥沃土壤；它还吸引了大量游客，他们特地来到岛上，希望能近距离观看火山喷发。

在距离埃特纳火山和斯特龙博利火山半个地球之外的地方有一座亚苏尔火山，它位于南太平洋的坦纳岛上，属于袖珍岛国瓦努阿图。说起来不可思议：至少从800年前开始，这座火山就始终以每小时几次的频率喷发着！西方人知道这座火山是在1774年。当时英国探险家詹姆斯·库克船长在航行日志中写道，他看见一座火山“喷出大量火和烟，它发出的轰鸣传到了很远的地方。”有几次喷发时，亚苏尔火山甚至将一团团气体和烟灰抛到了1,981米高的空中！

俯视图：位于西西里岛海外的斯特龙博利火山。

埃特纳火山喷出了一根烟灰柱。

瓦努阿图人正跳着传统的火山舞，远处就是亚苏尔火山。

斯特龙博利岛

阿里安娜·索尔达蒂

在斯特龙博利岛，我第一次看见了火山喷发。当时我正念大学三年级，和选修火山学的同班同学一起到岛上去做实地考察。我们是在中午刚过的时候开始爬山的。那天天气很热，我们费了好大的力气才爬到山顶。后来我总对人说，支撑我爬到山顶的不是一双腿，而是一颗心——我实在太想看一眼这座火山了。

傍晚时分，我们到达了火山口。关于当时的情景，我记得的第一件事是那一阵阵低沉的轰鸣声。我们一行大约有20个吵闹的学生，上山的路上欢声笑语。但是当我们听见那阵阵轰鸣，所有人都安静了下来。我们站在山顶，朝下面的火山口望去。斯特龙博利火山以喷发规律闻名，每隔10到15分钟，它都会从火山口底部的两条火山道里喷出两股熔岩。先是一条通道喷发，接着另一条通道跟上，然后再平静一阵。我向下望去，起初只看见了一片黑暗、起伏、布满灰尘的景象，仿佛那完全是另外一颗星球。接着喷发又开始了。一股高高的熔岩泉从第一条通道中喷出。喷出的火山砾（小块的火山岩）又掉回了火山口，它们渐渐冷却，颜色也从火红变成了暗黑。通道中喷出的熔岩时高时低，像一只活生生的生物似的活动着。火山照亮了夜晚的天空，这下我终于明白斯特龙博利为什么被被称作“地中海灯塔”了。我目不转睛地望着它，心里并没有感到害怕。我已被这座火山迷住，别的什么都顾不上了。

我们留在原地观看了三次喷发，然后开始下山。我根本不想回去，最后是被几个同学硬拖着下山的。下山时我们走了另一条路，沿途铺满了火山灰，我们仿佛是在一座沙丘上滑行。这段经历是我整个大学生涯的一个亮点。

斯特龙博利火山在夜间喷出焰火似的熔岩。

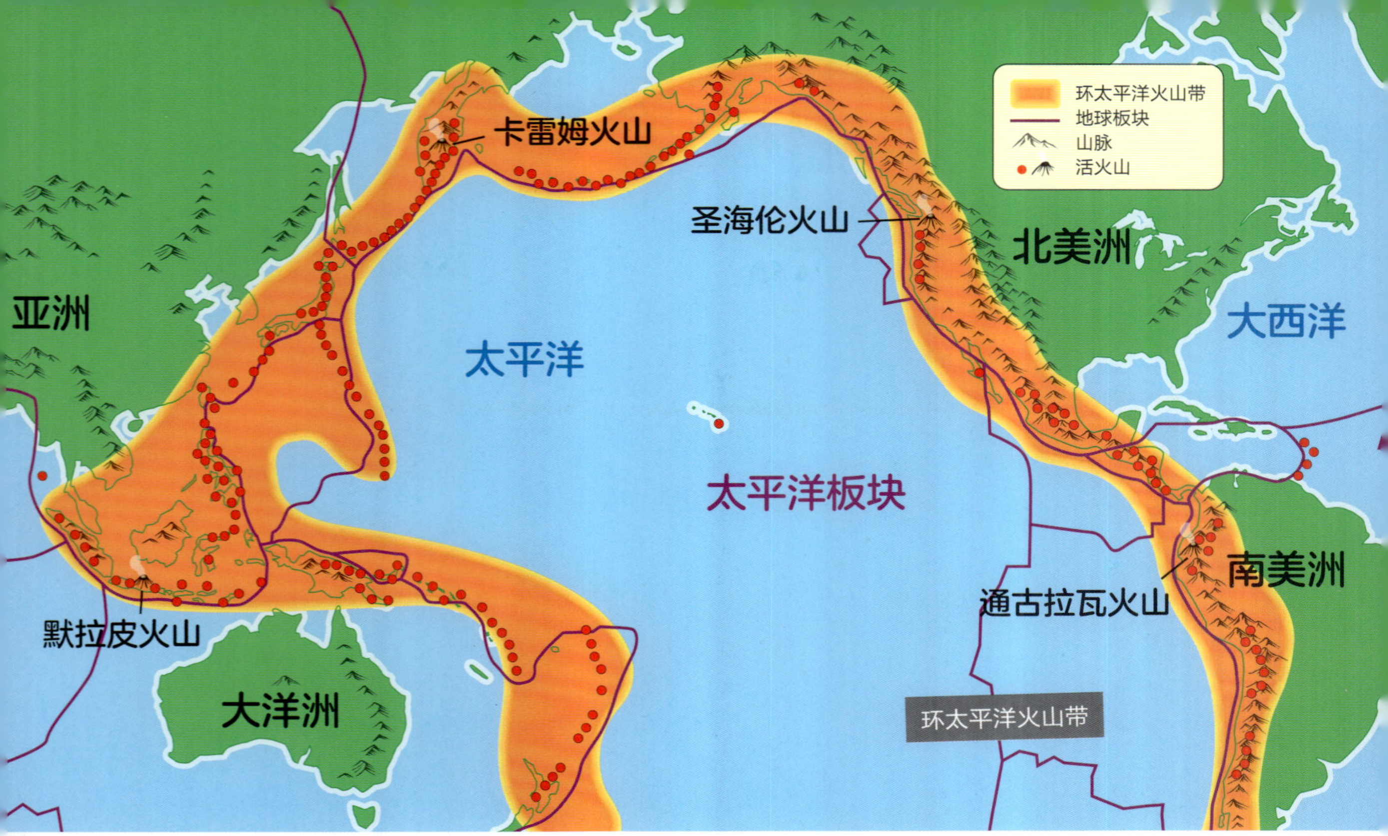

最长的一条火山链

在亚洲和南北美洲环太平洋的沿海地带有一条长40,234千米的马蹄形弧线，称为“环太平洋火山带”。这条火山带上坐落着世界上最大的火山群，共有452座之多！实际上，在我们知道的活火山中，有75%都处于这个地带。这条巨大的火山带从新西兰开始，向北覆盖日本，然后经过俄罗斯到达阿拉斯加，再沿着美国西海岸南下，一直通到南美洲的最南端。

环太平洋火山带包含世界上最活跃、最强大的几座火山，比如印度尼西亚的喀拉喀托火山、美国阿拉斯加州的诺瓦鲁普塔火山和华盛顿州的圣海伦火山。这么多爆发的火山是怎么形成的呢？因为地球的岩石圈上有运动的构造板块。环太平洋火山带是三个主要板块碰撞的地方，它们是亚欧板块、太平洋板块和印度-澳洲板块。还有一些其他板块也会在这里交汇撞击。这条火山带不仅能量巨大，而且非常活跃，地球上90%的地震都在这里发生。

2015年，在环太平洋火山带最西端再向西一点，科学家发现了陆地上最长的一条火山链。这条火山链大约在2,400万年前形成，被称为“科斯格罗夫火山链”。它延绵约2,000千米，穿过澳大利亚，越过巴斯海峡，一直延伸到塔斯马尼亚岛上。为什么研究者过了这么久才发现这些火山和它们相互之间的关系呢？因为这些火山已经几百万年没有喷发，都在时光中慢慢消磨了，要发现它们并不容易。

在大陆以外，由相互关联的火山构成的最长的火山链是夏威夷-皇帝海山链。这条火山链大多位于海平面下方，是太平洋板块在

小心火山弹！

火山弹是一块刚从火山中喷出没多久的熔岩，它在空中飞行的时候半硬半软，但在落到地面之前就会冷却变成岩石。居住在活火山附近的人和动物都面临着许多种危险，火山弹只是其中的一种。火山弹有各种大小，但它们的直径通常大于6.35厘米，它们的质地和形状也各不相同。其中面包皮火山弹有着开裂的表面，麻花状火山弹长而舒展，纺锤状火山弹有着扭曲的末端，而球状火山弹，顾名思义，是球形的。还有一种牛粪饼火山弹，形状像一个个扁平的碟子，也像一只只冰球。

亚苏尔火山射出的火山弹

太平洋中央的一个热点上方移动时形成的。热点升高了地幔的温度，并迫使熔岩从地壳的缝隙中涌出。夏威夷群岛中的九座岛屿就是这样形成的，它们中的一些到今天都还很活跃。这条火山链总长约6,000千米，比科斯格罗夫火山链的三倍还长！

深蓝色海洋中的这些浅蓝色的点就是夏威夷-皇帝海山链。

最奇怪的火山

这些奇怪的家伙会把你对火山的认识提升到一个新的境界：

我们先来说说泥火山。这类火山的形成是因为甲烷之类的气体在地下聚集，使气体上方的泥土受压并膨胀了起来。这又使得寒冷的泥土翻滚到地表或者爆开。接着这些泥土干燥，结成小小的锥形，它们往往只有十几厘米或者几米高，但也有一些会达到100多米。在这些泥火山中，最有毁灭性和戏剧性的一座位于印度尼西亚的爪哇岛，它在2006年5月喷发。这次喷发覆盖了25.2平方千米的土地，造成20人死亡和27亿美元的财产损失。有科学家认为，这次泥火山的爆发是因为工程师钻探天然气引发的。

泥火山并不是唯一一种奇怪的火山。有的地方既有冰川又有火山，那么把火山和冰川相结合，会得到什么呢？当然是冰下火山！所谓冰下火山，就是在厚厚的冰层下方喷发的火山。它们灼热的熔岩会融化部分冰川，产生的融水又会冷却熔岩，使它们变成一根根石柱。冰川融水会造成灾难性的后果，有时水位暴涨，引发冰川洪水。冰岛的瓦特纳冰原下方至少有七座火山；加拿大西部的英属哥伦比亚省也有一座名叫“胡度山”的冰下火山，科学家算出它每2万年左右就会喷发一次，他们认为它下一次喷发的时候就快到了！

位于基拉韦厄火山哈雷茂茂火山口的熔岩湖。

听到“熔岩湖”这几个字，你大概不会换上泳衣跳进去游泳吧？这些盛满熔岩的湖泊都是巨大的火山通道，它们的下方则是巨大的岩浆室，持续向它们输送着熔岩。有时炽热的熔岩会从这些湖中漫出，流淌到火山脚下的任何东西上去。熔岩湖十分罕见，对科学家来说极富趣味性。研究者认为，如果能理解这些湖泊，他们对火山原理的认识可能就会大大增加。全世界共有八个熔岩湖，夏威夷的基拉韦厄火山有两个，一个在山顶的一条火山通道里，另一个在山坡上的一条火山通道里；埃塞俄比亚有一座强大且非常活跃的火山名叫“尔塔阿雷火山”，山上也有一个熔岩湖，它从1906年开始就一直被注入熔岩；非洲中部的刚果民主共和国有一座尼拉贡戈火山，在它高高的山顶附近有一个熔岩湖，深度达到600米；南极洲的埃里伯斯火山上也有一个熔岩湖，它冒着泡泡，喷着烟雾，还会向靠近它的研究者射出火山弹。

位于阿塞拜疆戈布斯坦区的泥火山，世界上近三分之一的泥火山都在这个地区。

瓦特纳冰原：它的下面就有一座火山！

最具毁灭性的火山喷发

衡量火山爆发的威力，有一种方法是看它对附近的居民和社区产生的影响。人类从开始记录火山喷发起，就开始统计喷发造成的死亡人数。正是这部致命灾害的历史驱使着人类尽一切努力研究火山。以下是我们知道的火山喷发中最致命的11次：

9 拉基火山

拉基火山位于冰岛，它在1783至1784年间的喷发造成了9,350人死亡。

11 加隆贡火山

加隆贡火山同样位于印度尼西亚，它在1882年的喷发杀死了4,011人，并摧毁了411座村庄。

8 维苏威火山

维苏威火山位于意大利，它在公元79年的那次喷发造成了10,000人死亡，并将古城庞贝和赫库兰尼姆掩埋。

10 克卢德火山

克卢德火山位于印度尼西亚，它在1919年的喷发杀死了5,110人，还摧毁了100座村庄。

7 圣地亚古多火山

圣地亚古多火山位于危地马拉，它在1902年的喷发造成了10,000人死亡，和克卢德火山1586年的那次喷发相同。

克卢德火山位于印度尼西亚（又是这个国家！），它在1586年的喷发造成了10,000人死亡，和圣地亚古多火山1902年的那次爆发一样。

6 克卢德火山

3 培雷火山

培雷火山位于马提尼克，它在1902年的喷发造成了29,000人死亡，还摧毁了圣皮埃尔城。

5 云仙岳

云仙岳位于日本，它在1792年的喷发造成了14,300至15,000人死亡。

2 喀拉喀托火山

喀拉喀托火山位于印度尼西亚，它在1883年的那次喷发杀死了36,000人。

1 坦博拉火山

坦博拉火山位于印度尼西亚，造成了92,000人死亡，这个字数相当惊人！

4 内瓦多·德·鲁伊斯火山

内瓦多·德·鲁伊斯火山位于哥伦比亚，它在1985年剧烈喷发，那是当代最致命的一次火山喷发，总共造成了23,000人死亡，还将一整座城镇埋在了泥石流下。

知识大爆炸！

收集自己的岩石藏品

我们的世界是由岩石构成的，收集岩石是积累地质学知识的一个绝佳方法。而且岩石收集很容易上手，只要低头观察、记下你看到的东西就可以了。

下面的专业建议能帮助你建立超酷的岩石藏品档案：

1. **通过写考察日志记录你的观察。**你要记录的信息有：你是在哪里发现岩石样本的？它们的大小、颜色、形状和质地又是怎样的？你还要记下在不同地点发现的岩石有什么相似的地方。

2. **对岩石进行储存和贴标签。**有的岩石收藏者会使用下图中的这种特殊的盒子，不过你要是用硬纸板分隔的鞋盒也是不错的选择。

3. **开始收集样本。**有趣的岩石到处都有！到你家的院子、你的学校或是附近的海滩去找找看吧！但一定要问问你的父母能不能把看到的东西带回家里。因为，有许多地方都是不允许收集岩石的，比如国家公园或是你邻居家的院子里。

4. **鉴定你的藏品。**你家附近的图书馆里有许多书籍和资料能帮你弄清楚找到的是哪种岩石，许多图书馆和博物馆也有自己的岩石收藏，可以供你参观。

你准备好成为岩石收藏家了吗？

考察日志

Date:
No:

发现过程

时间：周四放学以后

地点：公园的滑梯下方

样品描述

大小：约5厘米×2.5厘米

形状：接近月亮的形状

颜色：灰色中带有橘黄色和黑色斑点

其他特征：手感粗糙不平

任何地方都有可能找到岩石，就连你家附近的游乐场里也有！

日落时分，基拉韦厄火山的绳状熔岩。

第二章

火山的基本知识

专家寄语

我在读博士的第一年去了危地马拉的帕卡亚火山。

这是一座活火山，当时已经四年没有喷发了。但是正当我们准备登上去危地马拉的飞机时，事情却起了变化：就在我们起飞前的一天，帕卡亚火山爆发了！

阿里安娜·索尔达蒂

到达那里后的前两天，我们拍摄了熔岩流淌的录像，想借此弄清楚它的流速多快。知道了熔岩的流动速度，就能判断当地的人员和财产是否在它的流淌路径上。结果我们发现这股熔岩流得很快，每秒能移动0.3到2.8米，相当于一个人缓慢行走到快速奔跑的速度。

第三天，我们绕到了火山的西坡，那里有刚刚流出的炽热熔岩，正是我们需要的上好样本。

后来我们停下了手头的工作，在一块大大的火山岩上坐下来吃午饭。但是刚刚吃到一半，我们就感到身下传来了一波地震。这次地震并不强烈，时间也只有短短十秒左右。但是在一座活火山的山顶感到地震，心里难免不安。而在帕卡亚火山上遇到地震，那感觉就更可怕了。

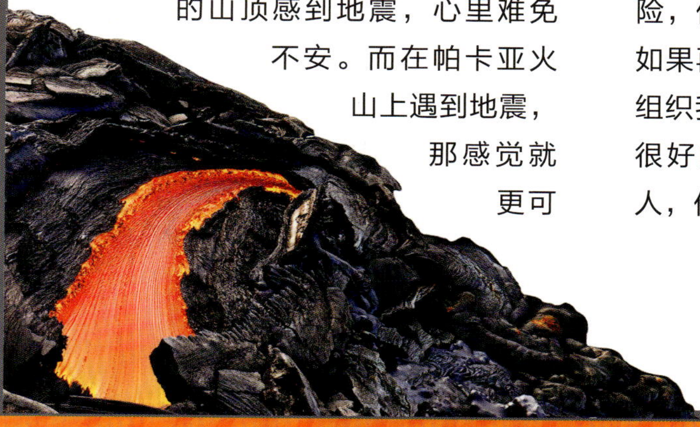

为什么呢？因为帕卡亚火山上有一道裂缝，将整个山顶一分为二，而这条裂缝又和下方的火山通道连成了一条直线。我们认为，这座火山将会被分成两半，到时候就会发生剧烈的火山活动。

当感觉那波地震时，我心想，难道这火山现在就要裂开了吗？我们是不是应该快点离开？

但是我们没走，而是留下来继续进行工作。野外工作的机会是很宝贵的，一旦离开了就可能好几年都无法回到原来的地点，所以制订的计划要尽量完成才行。更何况我那位经验丰富的导师也来了，对于帕卡亚火山在当天分裂的危险，他可知道得要比我清楚。我知道，如果再来几次更强烈的地震，他一定会组织我们撤离的。这次经历带给我一个很好的警示，它告诉我火山虽然很迷人，但也是危险的。

帕卡亚火山2010年喷出的熔岩形成的岩石。

当我感到那波**地震**时，我心想，难道这火山现在就要**裂开**了吗？

阿里安娜在帕卡亚火山拍下了这张熔岩照片。

闭上眼睛想象一座火山，你能想到什么？

你大概想到的是一座锥形的火山喷射着红热的熔岩和火焰、翻滚着灰烬和烟尘的壮观画面。

早期地球在形成时可能呈现的样子。

你脑海中的这幅火山图的确没错，但火山的样子和爆发形式并不是都这样的。

火山有许多不同的形状和大小，有的看起来甚至根本不像是山。要探究火山的本质，我们必须先回到几十亿年之前，回到地球刚刚形成的时候。

火山的形成

大约45亿年前，我们现在这颗覆盖着海水的蓝色行星还是一团炽热翻滚的岩浆，正在努力形成一个球体。这团岩浆里有熔化的金属和岩石，也有各种气体，它们混杂在一起，难分难解。其中有两种金属物质，铁和镍，逐渐地聚成了一个球体。这个球体成为了地球的核心，这大约是15亿年前的事。

围绕这个核心旋转的是一团半软半硬的物质，它由各种元素和化合物构成，其中包含了石榴石、氧化镁、铁和钾。这团物质构成了早期的地幔。在之后的几百万年里，这层厚实灼热的地幔渐渐冷却，其中蕴含的矿物质释放出水蒸气、二氧化碳和氮气，这个过程称为“除气”。在除气的作用下，地幔的上部变得坚硬，形成了一个独立的表层，这个表层再经过冷却，就形成了地壳。

这时，除气作用也开始制造我们这颗星球的大气层。有一种理论认为，这个过程让地球变得足够温暖，并最终促成了微生物的出现。它甚至还为海洋的诞生出了一份力，从地下释出的水蒸气变成了液体，并最终聚成海洋。

然而这一切和火山又有什么关系呢？关系太大了！在几十亿年前塑造这颗行星的种种变化，正是火山活动造成的。

今天，科学家对于地球外层的形成还有许多疑问。他们也提出了许多理论来解答这些疑问。

有一个理论是关于构造板块的形成的。构造板块是组成岩石圈的相互独立的块体，它们漂浮在上地幔的上方。科学家认为，上地幔中较旧较冷的部分曾被地球更深处的热量重新熔化，这使得地壳和上地幔的那些部分，即岩石圈变薄，并由此产生了裂缝。这些裂缝将岩石圈分成了15个大的构造板块。

岩石圈中的构造板块

这些板块还会移动。虽然它们每年才移动十几厘米，但这已经足以造成巨大的变化了，比如形成火山。

有时板块互相扩张或分离，形成裂缝，使熔岩从地壳下方涌出。这时会出现什么呢？当然就是火山了！如果裂缝在水下，还会创造洋中脊，并形成宽广的水下山脉！

有时板块互相聚合或撞击，其中的一块卡进了另一块的下方，这就形成了一个“俯冲带”。在俯冲带上，下陷的板块会向上方的板块弯曲，由此制造岩浆。新熔化的岩浆产生了压力，压力积聚并向上推顶，当它们找到一个薄弱的点，就从那里冲破地球表面。瞧，火山又形成了！

太平洋火山带上的所有火山都是这种板块聚合的结果。具体来说，是较大的太平洋板块和某些较小的构造板块被推到了彼此的上方或下方的结果。

地球的内部结构

我们的这颗星球由三个基本层次构成：地核、地幔和地壳。其中每一个层次又可以分成几层。以下是关于它们由内到外的详细分层介绍。

内核：位于地表下方约6,437千米处。科学家认为地球最核心的部分很可能是一个由铁和镍构成的实心球体，里面还掺杂了一些硅。

外核：位于地表下方约4,828千米。这是一层熔化的金属，同样由铁和镍构成。

核-幔边界：位于地表下方约2,900千米。这里是地核的终点，也是占据地球重量和质量85%的地幔的起点。

下地幔：位于地表下方660~2,700千米。下地幔的温度极高，但构成它的岩石仍是固体，而不是液体。

地幔过渡带：位于地表下方410~660千米。这里能找到非常致密的岩石，还有一些矿物中蕴含着构成水的原料。

上地幔：位于地表下方100~410千米。这里的岩石略有些熔化，因为这一层的温度可以达到1410摄氏度。

地壳：由移动的构造板块构成，岩浆透过板块间的缝隙涌上地球表面。地壳在大洋下方的厚度是4.8～8千米，在大陆下方的厚度可达40.2千米。构成地壳的主要成分是冷却的岩浆。

地球的内部结构

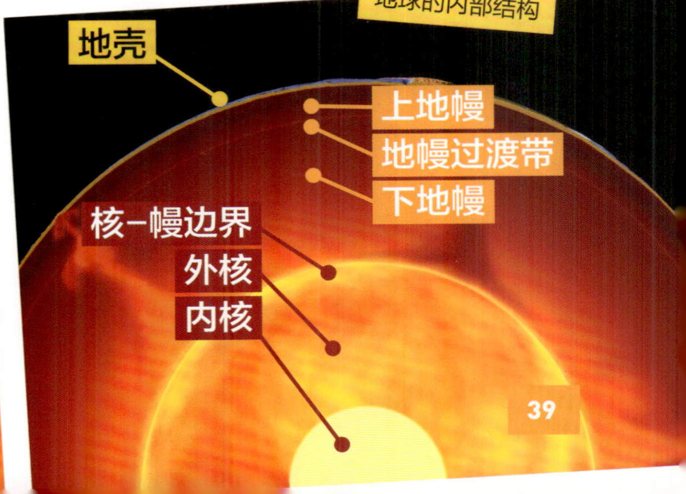

在有些地方，地幔中的热量会形成一根炽热上升的地幔柱，它将周围的岩石熔化成岩浆，形成所谓的“热点”。这些热点有的在海洋底部，有的在陆地下方。它们让地壳变得更薄，从而使岩浆更加容易熔出。

热点都出现在岩浆形成的固定地点。与此同时，热点上方的构造板块始终都在移动。于是久而久之，热点就会在地壳底部熔出一个松软薄弱的点，使熔岩从其中涌出。比如夏威夷群岛，就全部是由太平洋中部一个热点涌出的熔岩造就的，而且这个塑造过程现在还在进行之中。熔岩最终会冷却形成新的陆地，这个过程已经进行了7,000万年。

熔岩从夏威夷的基拉韦厄火山中流出。

火山的种类

我们知道，根据岩浆到达地球表面的方式不同，形成的火山也不相同。不过，我们也可以根据火山的外观、爆发方式以及从火山通道里喷出的物质将它们分成不同的类型。它们有的缓慢渗出熔岩，有的狂喷如同爆炸，有的时时刻刻都在喷发，也有的几乎从不喷发。

大多数人最熟悉的是一类锥形的火山，它们山坡陡峭，从顶部喷出熔岩。像这样的火山叫作“复式火山”，也叫“成层火山”，因为它的外面由一层一层的熔岩、灰烬和岩石复合构成，而这些东西都是火山爆发时喷出的。

复式火山

复式火山的高度能达到2,438米，它们的爆发是地球上最剧烈的。美国华盛顿州的圣海伦火山就是一座复式火山，另外皮纳图

板块运动不等同于火山运动

构造板块除了扩张（互相分离）和挤压（互相撞击）之外，还有一种运动方式，那就是互相摩擦。如果这种运动特别强烈或者特别突然，就会引发地震。这种运动不会形成岩浆或释放岩浆，因此它们本身不会引起火山喷发。但是如果地震发生在一座火山的正下方时，它的成因很可能就是岩浆开始流动了。通过这类地震，科学家就能预测某座火山可能要爆发了。

美国加利福尼亚州的圣安德烈亚斯断层只会造成地震，而不会造成火山爆发。

博火山、维苏威火山、喀拉喀托火山、培雷火山和埃特纳火山都是复式火山，它们也是世界上杀伤力最强的火山。

复式火山为什么会如此强大呢？因为它们喷出的熔岩中含有大量的矿物——二氧化硅。熔岩在二氧化硅的作用下变得极为黏稠，因此锁住了大量的气体。当封锁的气体尝试寻找出口时，就引起了火山喷发。

在火山喷发之前，即将形成的熔岩聚集在一个岩浆室里，那里的气压变得越来越高。当岩浆沿着火山通道上升并接触空气时，气体的压力终于“轰隆”一声得到了释放！

从复式火山里喷出的物质中，大约只有一半是真正的熔岩，其余的要么是气体，要么是烟灰和岩石碎片的混合物，称为“火山碎屑”。

复式火山和其他火山一样，也可能有好几条火山通道。因此在喷发的时候，它们可能会从好几个地方、朝着不同的方向喷发。小心……它们会喷得到处都是！

危地马拉的复式火山圣玛丽亚火山的圣地亚古多穹顶。

什么是上涌？

岩浆并不是位于地球中心的一大团现成的炽热物质，它们是随着构造板块的运动不断产生、不断释放的。

构造板块不断聚合熔化。通过一个叫作“上涌”的过程，熔化的岩石从地幔中升起。上涌的岩浆会从地壳的某处释放出来。接着板块再度聚合，位于下方的板块沉入地幔并且熔化。它还会熔化上方的板块，然后岩浆再度上涌。

这是一个如同传送带一般循环往复的过程：岩石下沉、熔化，然后以岩浆的形式再次涌起，由此驱动着构造板块。这个过程也会让各大洲发生移动。

你知道吗？很久以前，地球上只有一块巨大的陆地，被称为“泛大陆”。在大约7,000万年的时间里，构造板块将这块陆地分成了两块大陆。又过了1.5亿年，这两块大陆又一次次地分裂，最终形成了我们今天看见的七大洲。

上涌是一个过程，它驱使岩浆流淌、板块运动。

火山的横截面

任何一座火山都有四个部分：一是**岩浆源区，**岩石在这里熔化成岩浆。二是**岩浆室，**岩浆在这里聚集。三是**火山通道，**岩浆通过这里上升。四是**火山口，**它连接着至少一条火山通道，岩浆从通道中涌出，然后就叫“熔岩”了。右图显示的就是这四个部分。

复式火山概况：菲律宾吕宋岛的皮纳图博火山

皮纳图博火山曾经沉睡了600年。1991年，它终于苏醒了。有的科学家认为，是1990年7月的一场大地震晃醒了这座强大的火山，这场地震发生在距离这座火山100千米外的地方，并在皮纳图博当地引发了几次小型地震。在这之后，皮纳图博火山似乎又睡了过去。但是几个月后这里又发生了一连串地震，迫使皮纳图博火山从火山通道里喷出了一团蒸汽，它的山坡上也冲出了几个新的火山口。接下来的几周，山腹下方轰隆隆地发生了数千场地震，火山像打嗝似的喷出了大量二氧化硫气体。接着岩浆渗出，形成了一座熔岩穹丘。到这个时候，一切都还发生得十分缓慢。但是到了1991年6月12日，整座火山突然爆炸式地爆发了。

1991年，皮纳图博火山爆发的照片。

一股包裹着气体的熔岩从火山口激射而出，一朵巨大的尘云升到了32.2千米高的空中。更糟的是，就在这同一天，还有一场台风——一种威力强大的热带风暴击中了吕宋岛。强风把灰尘吹往各个方向，一直送到了几千米之外。虽然正是中午时刻，但当时天色一片昏暗。气体、灰尘、泥土和岩石如雪崩般从山坡上倾斜而下，将周围的一切都淹没在了一团浓稠的泥泞之中。

皮纳图博火山的这次喷发力量极强，在整个20世纪名列第二。喷发释放出的大量气体和灰尘，不仅遮住了太阳的光线，也使整个地球的气温在接下来的几个月里下降了近一摄氏度。不过幸好，皮纳图博火山在喷发之前已经有了征兆，科学家得以提前发出预警。许多人安全撤退，保住了性命。

位于夏威夷茂宜岛哈莱亚卡拉火山口内部的火山渣锥。

火山渣锥火山

火山渣锥火山比复式火山小，威力较弱，原理也比较简单。这是因为火山渣锥只有一条火山通道，熔岩只能从这里喷出。它们的坡度很陡，高度往往只有约100米。岩浆在从火山通道喷向天空时会形成小的碎片，也叫火山渣。冷却的火山渣掉落回火山通道周围，渐渐堆成出一个锥体，这就是火山渣锥了。没错，“火山渣锥火山”的名字就是这么来的！

墨西哥的帕里库廷火山可能是世界上最著名的火山渣锥火山了，因为它是在人们的眼前活生生长出来的。1943年2月20日，它在一片玉米地里破土而出，在农民的注目下长到了2米高。就在同一天，它喷出了一股灰尘和气体，一直到半夜才消停。然而这只是最初的爆发，真正的喷发接着才开始，并持续了整整九年，

眼泪形状的熔岩，称为“火山泪”。

火山碎屑的类型

火山碎屑是灰尘和岩石碎片的混合物，它们大小不同，形状各异，既有巨大的块状，也有粉状的灰尘。火山喷出的火山碎屑越大，它们掉落的位置就离火山越近。而最小的火山碎屑能飞到几千米之外，会使在它们掉落之处生活的人和动物呼吸困难。下面列举了一些火山碎屑的类型：

火山块和火山弹：最大的火山碎屑是大块的熔岩，它们有的有棱角（火山块），有的呈球形（火山弹），都会在飞行过程中冷却凝固成岩石。当熔岩中有大量气体逸出时，就会形成轻而多孔的火山弹，称为“浮石”——这是唯一能在水上漂浮的岩石。

加那利群岛科罗拉达火山射出的火山弹。

火山砾：这些小块岩石和核桃差不多大。“火山砾”的英文名称lapili在拉丁语里的意思是“小石头”。

火山泪和火山毛：火山泪（Pele’s tears）和火山毛（Pele’s hair）的英文名字都是以夏威夷的火山女神佩蕾（Pele）命名的，这些熔岩粒有的会冷却成眼泪的形状，也就是火山泪；还有的会在飞行中被风拉成长条形，那就是火山毛了。

火山灰：这是最小的一类火山碎屑。火山灰由粉末状的玻璃、晶体和岩石构成，它们能飞到远处，范围很广，有时会埋没汽车、房屋、植物、甚至整片山坡。如果火山灰进入了地球大气，它们还会带上电荷，引发闪电。

最终形成了一座高424米的火山。到1952年，帕里库廷火山终于停止了喷发。科学家认为现在的它已经成了一座死火山，因为它的岩浆已经枯竭了。这是第一座、也是少有的一座从诞生到死亡始终被进行科学研究的火山。

火山渣锥概况：尼加拉瓜的塞罗内格罗火山

塞罗内格罗火山是一座非常完美的火山渣锥。它的外形犹如一只倒扣的碗，顶部是一个大大的火山口。组成它的沙状火山渣不仅塑造了它的外形，也赋予了它浅黑的颜色。塞罗内格罗火山其实是四座火山渣锥中的一座，它们位于尼加拉瓜的同一个山区，不远处还有另一座拉斯皮拉斯火山。

火山渣锥火山，墨西哥的帕里库廷火山

塞罗内格罗火山目前有244米高，它自从1850年第一次爆发之后就一直在增长、变形。在历史上它已经喷发了20次，每隔几年就喷发一次。这使它成为了整个中美洲最年轻、也是最活跃的一座火山。

塞罗内格罗火山的最近一次喷发是在1999年8月7日。这次喷发始于半夜里的几百次小型地震。到了第二天早晨，火山开始爆发，并形成了高7,010米的灰云和305米的熔岩泉。这次爆发断断续续进行了两天，每隔几秒就是一次，火山口里还打开了四条新的火山通道，从里面喷出了熔岩。真是好一场折腾！

盾形火山

在体积最大的火山里，有几座是盾形火山。和极高的复式火山不同，盾形火山往往极为宽大，山坡平缓，有的盾形火山底部的直径达到几千米，这是因为盾形火山不会像复式火山和火山渣锥那样剧烈喷发。它们的熔岩只会轻轻缓缓地流出，能在冷却凝结之前流淌很长的距离。有时它们的熔岩也会从山体侧面的火山通道中渗出，这样的话就会流得更远了。

尼加拉瓜的塞罗内格罗火山喷出的灰云。

夏威夷的巨大盾形火山冒纳凯阿火山。

盾形火山的熔岩通常是玄武岩熔成的。这种黑色的岩石里包含着两种矿物，分别是长石和辉石，它们都含有二氧化硅。玄武岩非常坚硬，是我们这个星球上最常见的岩石，也是月球上最常见的岩石。

盾形火山概况：埃塞俄比亚的尔塔阿雷火山

埃塞俄比亚的尔塔阿雷火山正在冒烟。

尔塔阿雷火山高610米，宽50千米，它虽然不是世界上最高或最大的火山，却也是十分有趣的一座。它从1967年开始不停地喷发，在全世界仅有的八个熔岩湖里，有一个就是它创造的。这个熔岩湖位于它顶部的火山口内，深91.4米，日夜翻腾着982摄氏度的岩浆。

2017年1月，这个熔岩湖注满熔岩了。起初，火山口的熔岩泉只是喷射到了几米的空中。但是很快，这些喷泉的高度就升到了将近61米。有游客说他们看见一波一波的熔岩在火山口的边缘碰撞。接着熔岩从尔塔阿雷山顶部溢出，汇成了熔岩河从山坡流下，流速达到每小时72.4千米。

随着熔岩从湖中漫出，尔塔阿雷火山口的几个地方也坍塌了，整个火山的外观变得和熔岩刚刚漫出的时候完全不同。现在，科学家正在密切地观察尔塔阿雷火山，想看看它下一步会有什么变化。

破火山口

当一座火山的外部结构坍塌时，就形成了破火山口。如果火山下方的岩浆室部分变空，就会出现这种情况，这个变空的过程往往是剧烈且爆炸性的，但有时也会在几次喷发中逐渐发生。在这之后，山底下方的土地会因为部分缺失而无法承受山体的重量，导致山体向内塌陷，结果就是在地上形成一个大碗。

美国的黄石国家公园就坐落在一个巨大的破火山口内部，它的正下方就是一个超大的岩浆室。就在你阅读这段文字的时候，它

埃塞俄比亚的尔塔阿雷火山，一个熔岩湖内的一口熔岩泉正在喷射。

西伯利亚的乌宗破火山口冒着气泡的泥温泉。

很可能就在积聚炽热的岩浆。它会再度喷发吗？大概会吧，但我们不知道具体是什么时候。等到它再次喷发时，科学家将会把它认定为“超级火山”，因为它的喷发力度将会极其强大，以至于在许多年里都会对地球的气候造成影响。

破火山口概况：俄罗斯西伯利亚的乌宗破火山口

大约40,000年前，在俄罗斯东部西伯利亚地区的辽阔荒原里，有一座火山在多次喷发之后塌陷了，并由此形成了一座直径16千米的破火山口。随着时间流逝，这个破火山口里逐渐积起了雨水，形成了几个湖泊。虽然西伯利亚在冬季时天寒地冻，但其中的几个湖泊却从不会结冰。因为岩浆加热的气体能让这些湖泊保持温暖，虽然火山已经倒了，但这些气体仍旧在汩汩升起。

也是这些气体驱动间歇泉向空中喷出滚热的泉水。它们还制造了冒着气泡的泥温泉。如同一口烂泥大锅每隔几秒就会冒出一阵泡泡，将黏稠的泥浆搅成玫瑰花的形状。这虽然看起来很美，但是冒泡飞溅的热泥浆却会对周围的一切人和事物造成危害。

印度尼西亚爪哇岛上的腾格尔破火山口，远处是正在喷射的塞梅鲁火山。

火山活着！还是死了？

我们说到的火山，有的还活着，有的已经死了。死活之间，有什么区别呢？活火山还能够喷发，并且在过去10,000年里至少喷发过一次。它们的底部仍有岩浆在聚集，聚集到一定程度就会引

火山为什么会这样？

有一件事决定了火山是会慢慢渗漏还是会激烈喷发：那就是气体。所有的岩浆都包含了某种气体，比如二氧化碳或水蒸汽。当岩浆沿着火山通道上升时，气体的压力就会降低，就像你晃动一瓶苏打水时，里面会产生气泡一样。接着气体会尝试从岩浆中逸出。如果它们成功逸出，就会产生气泡并且破裂。这时岩浆就会向外溢出并且流出火山；如果气体难以逸出，气泡就会被封锁在岩浆内部。一旦岩浆顺着火山通道上升并接触到了空气，里面的气泡就会发生爆炸。岩浆喷出时其中封锁的气泡越多，爆发起来就越是剧烈。

夏威夷卡拉帕纳镇基拉韦厄剧烈的火山爆发射出了熔岩、灰尘和蒸汽。

起喷发。

而死火山的岩浆室里已经没有了岩浆，就连新岩浆产生的条件都不具备了。

但是这里需要补充一句：过去也曾有过大家都以为是死火山、但它却又活过来的事。比如哥伦比亚的索塔拉火山就是这样。2012年6月，在被认定为是死火山后不知过了多久，索塔拉火山周围又开始轰隆隆地发生了地震，多的时候一天会发生150场地震。由此可以预测：这座火山总有一天还会喷发的……

卢旺达和刚果民主共和国边境的维索克火山就是一座死火山。

火山喷发的类型

我们知道，火山可以分成不同的类型。实际上，火山喷发起来也有不同的方式，它们有的很快，有的很慢，有的会强力喷射，有的则缓缓渗出。大多数喷发类型的名称来自科学家首次研究它们的场所。它们可以分成两个基本大类：一类是溢流式，熔岩轻缓地流出；另一类则是爆发式。

夏威夷式喷发

火山喷发的第一种：夏威夷式喷发。这是所有火山喷发中最温柔的一种。它是根据夏威夷群岛上发现的火山活动命名的。当基拉韦厄或冒纳罗亚这样的火山喷发时，它们会向空中喷射出壮丽的火焰喷泉，有些会一连持续好几天。但它们再怎么剧烈也就到这种程度了。

不过，熔岩会从火山口溢出并流向地面，有时还会流到很远的地方。据记载，从这些火山中流出的熔岩，最远曾流到了56.3千米之外。这股熔岩来自冒纳罗亚火山，时间是1859年。

火山泪和火山毛都是夏威夷式喷发中很常见的物质。

基拉韦厄火山的烟雾

雾气和雾霾，你都听过吧？但是你听说过火山烟雾吗？当基拉韦厄火山喷发时，它喷出的不仅有水蒸汽和二氧化碳，还有二氧化硫等各种气体。当这些物质和火山灰、氧气以及太阳光在大气中混合，之后变成细小的颗粒，使空气变得朦胧，导致我们呼吸困难。夏威夷会发布火山烟雾警报，就像夏季的热浪警报或空气污染警报一样。这是为了让附近的居民们知道空气质量什么时候会因为火山烟雾而变差。

夏威夷基拉韦厄火山喷出浓浓的火山烟雾。

夏威夷的卡拉帕纳镇附近，熔岩正流入大洋。

夏威夷的基拉韦厄火山的喷发，是一次典型的夏威夷式喷发。

斯特龙博利式喷发

斯特龙博利式喷发中会出现高度远超过夏威夷式喷发的火山泉，能喷射到100米或更高的空中。这些火山泉可能会喷出一些火山灰或火山弹，有时候还会有一些火山砾大小的岩石。斯特龙博利式喷发产生的熔岩并不是流动出来，而是随着响亮耀眼的爆发从火山口中迸出。它们表面上喧闹夺目，但是和夏威夷式喷发一样，其实并不怎么危险，因为这类喷发往往规模很小。“斯特龙博利式喷发”这个名称来自意大利斯特龙博利岛上的一座斯特龙博利火山。它位于第勒尼安海中，就在西西里岛北侧。斯特龙博利火山大约每15分钟喷发一次，它已经连续喷发了几百年。

乌尔卡诺式喷发

当一座火山停止喷发时，熔岩就可能在它的火山通道内冷却板结，形成一只塞子。它们有时候也会在火山通道上方堆积，形成所谓的“熔岩穹丘”。于是当下一次火山喷

厄瓜多尔通古拉瓦火山的一次斯特龙博利式喷发。

印度尼西亚喀拉喀托之子火山的乌尔卡诺式喷发。

发时，那些黏稠并饱含气体的岩浆就必须冲破这只塞子或这块穹丘才能到达地面。这时，你就会看到一次短暂而极其爆炸的喷发，这被称为“乌尔卡诺式喷发”。

乌尔卡诺式喷发的威力极强，喷出的熔岩和火山碎屑能以1,287千米的时速飞到1.6千米高的空中。这种喷发不经常发生，可一旦发生就极其暴烈，并能持续几天。“乌尔卡诺式喷发”的名字也是源于意大利的一座火山岛：乌尔卡诺岛。

普林尼式喷发

普林尼式喷发是火山喷发中的好手，它们强劲喧嚣，杀伤力极强。这类喷发中会产生饱含气体、极其黏稠的岩浆，这些岩浆一与空气接触就会发生爆炸。喷发中还会产生蘑菇形状的浓密烟柱，它们由火山灰和火山砾构成，能升腾到约56千米高的大气中。这种混合物还能乘风飞到几千米外，覆盖道路、房屋和城镇，并在方圆几千米的地面上掉落下火山弹。这种喷发虽然杀伤力十足，却也会将岩浆室一举清空。这就意味着在一次喷发之后，短时间内就不会有第二次喷发了。

圣海伦火山的普林尼式喷发。

“普林尼式喷发”的名字来自罗马历史学家小普林尼。他在公元79年描写了目睹维苏威火山喷发的情景，这次喷发摧毁了古城庞贝。

射气岩浆喷发

还有一种火山喷发类型，是岩浆和水相混合所造成的。这类喷发叫作“射气岩浆喷发”。当岩浆必须穿过水体才能达到地表时，就会出现这种喷发。这类喷发多出现在水下火山，或者位于陆地、却被冰川覆盖的火山。根据喷出的岩浆和水的含量比重，射气岩浆喷发又可以分成蒸气喷发（含有大量水和少许岩浆）和苏特赛式喷

轰隆！汤加海外，一座海底火山爆发了苏特赛式喷发。

意大利西西里岛埃特纳火山产生的火山碎屑流。

发（含有大量岩浆，几乎没水）两种。

当喷射的熔岩穿破水体并接触空气时，熔岩周围的水就会变成蒸汽并且发生爆炸。轰隆！而在苏特赛式喷发中，灰尘和气体组成的烟柱从火山口冲出，一团团火山碎屑甩得到处都是。只要火山的喷发没有停止，它们的火山口就会越筑越高，并远远高出水面。在这之后，它们就可能会转型成夏威夷式喷发。“苏特赛式喷发”的名称来自冰岛海外的苏特赛火山岛。

内瓦多·德·鲁伊斯火山的火山泥流破坏力极大。

火山的特征

虽然火山因为喷发时各异的形式和类型而精彩，但它们的不同特征也会使每一座火山都显得独一无二。

熔岩湖就是其中的一个特征。当熔岩从火山内部涌出，并在火山通道或火山口中聚集时，就形成了熔岩湖。有的熔岩湖，比如埃塞尔比亚尔塔阿雷火山的熔岩湖，能一连几个月、甚至几年翻腾出炽热的熔岩。熔岩湖的表面不时会形成一层薄薄的外壳，但它最终会瓦解，并再次沉入熔岩之中。

从火山中流出的物质也并非总是相同的。火山碎屑流是由火山喷出的气体、岩石、灰尘和碎屑构成的快速涌流。它们会碾过前方的所有东西，要么将障碍物埋葬，要么带着障碍物，以最快约80千米的时速度一起前进。火山碎屑流

翻花熔岩和绳状熔岩

阿里安娜·索尔达蒂

到达危地马拉的帕卡亚火山的第一天，我和野外工作组的同事们就步行向着一股活跃的熔岩流出发了。要到达那里，我们必须首先穿过几道较早形成的、已经凝结的熔岩流。帕卡亚火山喷出的是翻花熔岩，里面翻腾着大量气泡。当你行走在刚刚流出的翻花熔岩上时，你能切实地感受到这些熔岩在冷却时由气态变成玻璃状态的过程。它们在你的脚下发出“喀嚓喀嚓”的声音，锋利的程度也和碎玻璃相似。在这高低不平的地面上行走时你要特别小心，万一摔倒了是很疼的。在翻花熔岩上前进不到2千米，可能需要一个小时或者更久，因为这种熔岩表面崎岖不平、布满尖刺。在上面行走是一项需要学习的技能。但如果是基拉韦厄火山中流出的那种绳状熔岩，在上面行走就完全是另外一番体验了。你能以正常速度行走，因为绳状熔岩一旦冷却，形成的表面就会平滑得出人意料。它们几乎像是人行道，你脱掉鞋袜在上面行走都不是问题，但是我不建议你这么放肆。

气体状的翻花熔岩在冷却后变成了玻璃状态。

常会在经过物体时将它们点燃，因为这股热流的温度可以达到约700摄氏度。

和火山碎屑流一样，火山泥流也会在大地上扫清一切障碍。火山泥流是水和火山灰组成的混合物，说穿了也就是一场巨大的泥石流。你能看见它们在复式火山的山坡上快速滚落，一路上裹挟岩石、泥土、甚至一棵棵树木。当火山泥流的速度减慢时，它们携带的所有杂物碎屑都会堆积起来，形成一大团乱糟糟的东西。它们还会在河水溪流中留下大团泥土，从而阻塞河道、引发洪水。

绳状熔岩表面平滑，就像绳子。

有关熔岩的知识

大多数火山喷发的确是独一无二。就像我们看到的那样，它们有的喷出气体、有的喷出蒸汽或灰尘、还有大大小小各种岩石，不过大部分的喷发都包含了同一个物质：熔岩。

地球上的许多熔岩都是由一种颗粒细致的岩石构成的，那就是玄武岩。玄武质熔岩流有三种主要的类型，第一种是“绳状熔岩”，在英语中被称为pahoehoe，其中的“hoe”是夏威夷语，意思是“划桨”。当你在划桨驱动独木舟时，你的船桨会制造出扭结的水波，而这种扭结的形状正是绳状熔岩的特征。也有人形容这种熔岩外表平滑，如同绳子，就像是布朗尼面糊被倒进平底锅的样子。

绳状熔岩就是常常从夏威夷火山和其他

水下的枕状熔岩膨胀如同球形。

块状熔岩由安山岩构成，冷却后呈棱角分明、表面平滑的岩块。

流纹质熔岩黏性极强。

盾形火山中流出的那种熔岩。它缓慢而轻巧地流过平坦的表面和平缓的斜坡，因为它的内部没有封锁太多气体。正因为它流淌的速度如此缓慢，才有时间稍稍冷却，并在炽热的本体外面长出一层保护壳。这层保护壳锁住了热量，让里面的熔岩得以继续流动。

第二种熔岩流称为“翻花熔岩”，在英文中被称为a'a lave flow，其中的a'a同样是夏威夷语，意为“燃烧”。翻花熔岩流随着火山喷发而流出，但接着就沿着陡坡缓缓向下流动，因为它的内部封锁着许多气体。这种熔岩的冷却速度非常快，所以会变得浓稠而带有黏性。快速冷却也会为它产生一层外壳，它随着熔岩的流动而破碎，碎片又被熔岩重新吸收，使熔岩变得粗重。翻花熔岩冷却后会变成块状或尖刺状。

同一座火山，可能一次喷发产生绳状熔岩，另一次喷发就产生翻花熔岩，甚至在同一次喷发中，喷出的物质也可能由绳状熔岩变成翻花熔岩。如果喷发的力度和山坡的坡度发生变化，那么熔岩流也会随之变化。不过一旦绳状熔岩变成了翻花熔岩，它要再变回绳状熔岩就不可能了。

第三种熔岩流称为“枕状熔岩”。枕状熔岩由水下火山产生，它会膨胀成球形，并有一层厚厚的外壳，因为周围的水会使它急速降温。这种熔岩先从火山通道中翻涌而出，接着在通道外冷却成球形。当新的熔岩从后方推出时，先前的外壳就会破裂，而第一个球形中也会翻腾出更多球形。当一次喷发结束时，积累的熔岩可能会达到近百米厚。

大部分熔岩都是由玄武岩构成的，但块状

稀有的碳酸岩熔岩正从坦桑尼亚的欧尔多因佑连盖火山中喷出。

熔岩却不同。它们由一种名叫“安山岩”的岩石构成，这种岩石在熔化状态下十分浓密黏稠。块状熔岩通常从复式火山中喷出，但它们不会流得很远。它们冷却后会形成切面光滑、棱角清晰的块状物体。

复式火山还会喷出流纹质熔岩。流纹岩是一种颜色较浅的岩石，主要成分是二氧化硅，也含有钾和钠。这些成分赋予了流纹质熔岩极强的黏性。火山喷发时，它们多数从火山通道中慢慢涌出，并在冷却后形成熔岩穹丘。

还有一种熔岩是科马提岩，它含有少量的二氧化硅，却包含大量氧化镁。它们的质地很稀薄，如同水一般流淌。但现在这类熔岩已经很少在喷发中产生了。科学家发现的“最年轻”的科马提岩也已经有了9,000万岁高龄了，它来自哥伦比亚境内的一座死火山。这种熔岩在冷却后会形成由晶体组成的花边形状。

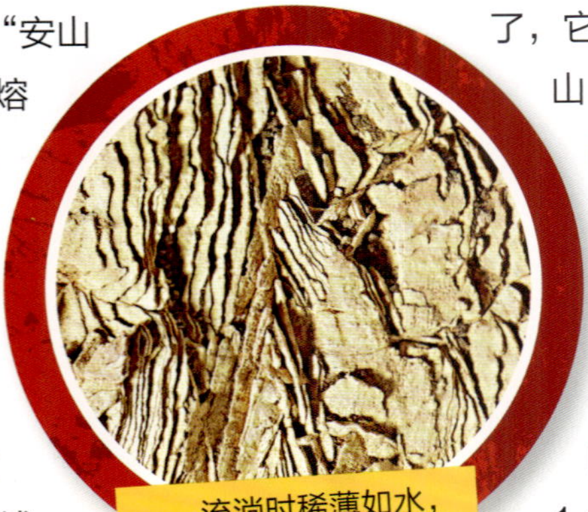

流淌时稀薄如水，这就是碳酸岩熔岩。

在熔岩中最稀有的要数碳酸岩了。它的内部包含了大量钙、钠和二氧化碳，能在538摄氏度左右的极低温喷发，而一般的玄武质熔岩要1,150摄氏度左右才会喷发。这个性质使得碳酸岩非常松散且易流淌，在喷发时，有人形容它就像水管中喷出的水。碳酸岩在刚刚喷出时是黑色的，干结后就变成了粉笔一样的白色，使地面披上一层诡异的外表。接着在短短几个月里，它就会分解成粉末。在我们这颗星球上，只有一座火山的熔岩会喷出碳酸岩，那就是坦桑尼亚的欧尔多因佑连盖火山。

爆裂火山

据美国华盛顿特区的全球火山活动项目（Global Volcanism Program）统计，全世界共有八次已经确认的喷发接近了火山爆发指数（Volcanic Explosivity Index，简称VEI）的最大值，这项指数从0到8，是科学家用来衡量火山喷发威力的一张量表。下面我们就将这八次VEI为7的喷发标示在地图上。我们的探索者阿里安娜去过其中的一座：美国的火山口湖。她希望还能再去参观更多。另外，再来看看她考察过的其他火山吧——有这么多，真是熔岩滚滚啊！

北冰洋
库页湖
欧　洲
亚　洲
长白山
库页湖
意大利的维苏威火山
法国的多姆山链
意大利的斯特龙博利火山
意大利的乌尔卡诺火山
希腊的圣托里尼火山
意大利埃特纳火山
中国和朝鲜边境的长白山
日本的鬼界火山
鬼界火山
太平洋
林贾尼火山
印度洋
印度尼西亚的林贾尼火山
印度尼西亚的坦博拉火山
留尼旺（法属）的富尔奈斯火山
坦博拉火山

知识大爆炸！

混合熔岩，观察熔岩

不同的火山会喷出不同的熔岩，你能将下面的熔岩类型和描述配对吗？

- A. 膨胀成球形，在水下冷却形成
- B. 干结成白色的穹丘
- C. 表面光滑，就像绳子
- D. 喷出时是黑色的，干结后是白色的，最后会变成粉末
- E. 干结后成为花边形状的晶体
- F. 块状且多刺
- G. 切面光滑的块状

答案：1.C,2.F,3.A,4.G,5.B,6.E,7.D

火山会将土地变得肥沃，比如巴厘岛的这座巴图尔火山。

第三章 与火山共存

专家寄语

有许多人生活在火山附近或是火山周围。

这些地区有的非常美丽，吸引了世界各地的游客。法国中部的多姆山链就是一个绝好的例子。

阿里安娜·索尔达蒂

这是奥弗涅地区中部的一座山脉，由大约70座火山组成。不过这些火山大概和你想象中的不一样。它们的外观与其说是一连串火山，倒不如说是一座座绿色的山丘。只有看到那些火山口，你才能知道它们其实是火山。

这条火山链上有许多不同类型的火山。它们有的是火山渣锥；有的是低平火山口——这类火山口很浅，当岩浆和水相遇并在蒸汽中爆炸，就会形成这样的火山口；也有的火山在火山口里产生了湖泊；还有一些是熔岩穹丘。这些火山都有一个超酷的特质：它们都是单成火山，也就是说，它们都只喷发一次。在第一次喷发之后，它们就不会在同一个位置再度喷发了。到下一次山链的某处有火山喷发时，将会发生在一个稍微不同的位置。

多姆山链的法语名称是“Chaîne des Puys”，意思是“火山构成的链条”。这条山链上的火山和别处的火山相比都显得比较低矮，其中最高的是多姆山，高约1,464米。这条山链的最近一次喷发大约是在70,000年前，从地质学的角度来看并不算久。在将来的任何时候，它都可能再度喷发。

现在，多姆山链已经成为了法国的热门度假区。游客从各地慕名而来，到这里享受远足和温泉的乐趣。在多姆山上远足非常轻松，连孩子都能不费力气完成。只要短短一个小时，你就能走到山顶。在这里，你可以眺望周围的一座座火山，那真是极美的风景。如果不想爬山，你也可以乘火车到达山顶。

这个地区的土壤因为火山灰而异常肥沃，适宜种植葡萄、扁豆、大麦和甜玉米。这里的居民还用火山岩——主要是黑色的玄武岩建造房屋。这里的一座教堂就是用这种石材建造的，其他许多建筑也都是黑压压的一片，因为它们同样用黑色的玄武岩建成。这里的水质也很好，因为水在流经玄武岩时得到了过滤和提纯。

法国的多姆山链有着层次分明的土壤，它们诉说着这个地区火山活动的历史。

多姆山链上的火山都是**单成火山**，也就是说它们只会**喷发一次**，然后就再也不会在同一个地点喷发了。

多姆山链上一座锥形的翠绿“山丘”。

几百万年以来，人类一直和火山共存，并诉说着关于火山的故事。

我们眼看着它们喷发，心中既有恐惧又有惊奇。

我们还承载着火山的怒意带来的后果：熔岩汇成河流、火山灰聚成云朵、地震海啸、气温下降、天空一片昏暗。不过我们也得益于火山给土壤带来的丰富营养，以及它们创造出来的新土地——夏威夷群岛就是一个例子！

在世界上的各个角落，从阿拉斯加到希腊再到日本，以及它们之间的所有地方，人们都曾经用故事来解释这些突然爆发的火山。这些从过去流传至今的故事不仅是精彩的传说，在现代的考古学家和火山学家看来，其中的一些故事还蕴藏着关于远古火山喷发的重要线索，它们能帮助我们理解今天经历的这些火山喷发，并理解那些生活在火山阴影下的人们。

人类、火山和神话

很久以前，当我们还无法用科学知识解释周围的世界时，我们就有了传说。我们的祖先靠编造故事来理解他们看到的世间万物：天上的群星、白昼和夜晚、一年四季、飞鸟的颜色，当然了，还有火山和火山喷发。

北美洲的许多地方都有活火山。这些地区的人民用各种方式想象并解释了他们周围的火山。位于今天美国华盛顿州的克利基塔特部落流传着一个关于美丽少女卢惠特的故事。相传，卢惠特受到两兄弟的爱慕，他们是怀伊斯特和克利基塔特，兄弟俩为了这个少女互相争斗。他们的父亲是伟大的神灵萨哈尔，他受够了两个儿子的内斗，为表示惩

美国加利福尼亚州的沙斯塔山，朝霞照耀在高山上，将它的山峰和峡谷染成了金色和粉色。

罚，他把两人都变成了火山，其中一座就是今天的胡德山，另一座是今天的亚当斯山。而那名少女也未能幸免，变成了今天的圣海伦火山。

莫多克部落印第安人曾生活在今天的美国加利福尼亚州北部，他们认为，复式火山沙斯特山的诞生，是因为天空之神的酋长在天上凿出一个洞口。从这个洞口掉出的冰雪落到地上，最终堆积形成了沙斯特山。接着酋长就在山上造了一座房子，并和他的家人搬了进去。每当酋长向火炉里扔进木块，大地就随之隆隆作响，山口也会溅出火星和热灰。

在夏威夷，人们将朱蕉树叶放在哈雷茂茂火山，作为献给佩蕾女神的贡品。

另一个神话在克拉马斯土著印第安人中间流传：地上世界的酋长斯凯尔站在沙斯特山的山顶；而161千米开外，在现在位于美国俄勒冈州的地方，地下世界的酋长拉奥站在另一座复式火山、马扎马火山的山顶。两位酋长用石块和火焰相互投掷，最后拉奥不敌，掉回了地下世界。他在地面砸出了一个大洞，后来洞口里积满了雨水，就形成了马扎马火山口里的那个湖泊。

在太平洋对面、距离马扎马火山约8,000千米的地方，夏威夷群岛的原住民世世代代祭拜着他们的火焰女神——佩蕾。夏威夷群岛上的火山众多，喷发频繁，也造就了大量的传说，而佩蕾正是这些传说的主角。在其中一个传说里，佩蕾住在基拉韦厄岛上一个热气蒸腾的火山口里，火山口的名字叫“哈雷茂茂”。这位女神爱上了一名男子，并派出自己的一个妹妹去寻找他。因为妹妹出去了很久都没有回来，佩蕾觉得她肯定和自己的意中人私奔了。为了报复，她用火点燃了妹妹的森林。有些夏威夷人说，要巴结佩蕾女神只有一个办法，那就是带着

1923年在俄勒冈州，一位克拉马斯酋长正站在火山口湖边。

夏威夷，夜色中的哈雷茂茂火山口。

春天的日本富士山

食物和花朵到她居住的火山口去拜访她!

而阿兹特克人也有关于火山的传说：位于墨西哥的伊斯塔西瓦特尔火山和波波卡特佩特火山曾经是一对不幸的恋人。一次，波波卡特佩特外出打仗，他的一个敌人前去欺骗伊斯塔西瓦特尔，说他已经战死了。伊斯塔西瓦特尔在绝望中死去。波波卡特佩特回到家时发现恋人已死，伤心欲绝地为她造了一座山当作坟墓，并放火把山点燃。接着他自己也变成了一座山，注视着“沉睡”的伊斯塔西瓦特尔。每当他想起伊斯塔西瓦特尔，波波卡特佩特就会晃动身子，喷出灰尘和烟雾。

环太平洋火山带上的神话

环太平洋火山带上有着地球上数量最多的火山，在漫长的历史中，人们为这个能量迸发的环带创造了许多故事。

在日本，最著名的火山就要数富士山了。在神话中，富士山是这样变成一座火山的：从前有一位女神在人间住久了，决定回到富士山生活，她知道凡间的丈夫会思念自己。于是给丈夫留下一面镜子，让他能看见镜中的自己。但她的丈夫并没有乖乖地留在村子里，而是决定出来寻找她。他来到富士山，四处寻找妻子。因为没有找到妻子，他一头扎进了山里。他携带的镜子也着了火，从山口里向外冒出烟来。

印度尼西亚有125座活火山，关于它们也有许多传说。其中的一个讲述的是火山渣锥布罗莫火山。在这个故事里，有一个食人魔想要迎娶一位公主。但国王下了命令，说要想赢得公主，他就必须用半只椰子壳当作铲子，挖出一条壕沟来。可怜的食人魔还没有完成这项任务，就精疲力竭，死去了。他手里的椰子壳就变成了火山渣锥布罗莫火山。

在火山喷发时，人们该如何确保安全？

几百年前，人们还没有多少工具可以保护自己免受火山喷发的危害。即使到了今天，有的火山喷发仍旧难以预测，爆发的时候还是会把周围的居民吓一跳。不过在火山喷发的时候，还是有几种方法可以确保安全的。

1 **远离熔岩流。**就算它们的表面看起来是固态，但内部仍有可能是炽热的。

2 **绝对不要在火山上光脚行走。**凝固的熔岩或许会像玻璃一般锋利。如果火山突然爆发而你需要逃跑，那么最好穿上结实的鞋子。

3 如果你正在火山地区远足，**切记一定要走在标记好的路线上**，因为路线之外的区域可能有泥温泉和熔岩流。

4 如果火山喷发时，你正在附近的城镇里，**一定要待在室内**，关紧窗户，把灰尘和熔岩挡在室外。

5 如果空气里飘着火山灰，你又非出去不可。那就**戴上口罩和护目镜**，这样能防止吸入灰尘颗粒。

6 **不要接近受喷发影响的地区**，直到警报被解除。

大难不死

火山学家研究火山是为了弄清它们如何喷发、更重要的是它们何时会喷发。但即便是这些专家也会看走眼，在一座火山即将喷发的时候误以为它仍然很安全。1993年，斯坦利·威廉姆斯博士就犯了这个错误。威廉姆斯是亚利桑那州立大学的一位火山学家，他加入了一支由13位科学家组成的队伍，到哥伦比亚去研究一座名叫“加勒拉斯”的火山。他们一行人想要了解这座火山的秘密，这样就能在它可能喷发之前提醒附近的村民了。可就在这时……它喷发了！

封锁在岩浆内的气体从火山通道内激射而出，熔岩弹和火焰飞向空中。爆发中迸出燃烧的岩石，将威廉姆斯的双腿都砸断了。另外，还有一大块火山碎屑击中了他的头部，他的全身也都被烧伤了。他奋力爬到半山腰，把身子挤到一块巨石后面，这才躲开了流淌的熔岩。后来援助终于到达，两名同行的科学家把他带到了安全的地方。

在加勒拉斯火山喷发中幸存的斯坦利·威廉姆斯博士。

虽然这是一次可怕的磨难，但是它也带来了一些好处：利用那天学到的知识，威廉姆斯预测短短几个月后，加勒拉斯火山将会再次喷发。因为他的遭遇，科学家们也开始关注现场考察的安全措施——事发当天，无论是威廉姆斯还是他的同事都没有戴安全帽，如果戴了就不会受到那么严重的伤了。

俄罗斯东部的堪察加半岛上有160座火山，其中29座是活火山，这是地球上每平方千米活火山数量最多的地方。2013年，其中的四座同时喷发！半岛上的一些民族用传说来解释这些火山的活动。比如半岛南部的伊捷尔缅人就认为，火山之所以会喷发，是因为有恶魔从山里飞出来捕鱼。而半岛北部的科里亚克人认为，世界的创造者是一只渡鸦，它从空中掉下了一根羽毛，后来羽毛就变成了被他们当作家园的这片土地。渡鸦接着创造了男人，又创造了一个女人，那是一位绝色美女，所有男人都爱上了她。这些男人死去之后，全部都化成了大山，每一座都燃烧着对那名女子炽热的爱。

古希腊和古罗马的神话

和许多文化一样，古代希腊和古罗马也借用神明来解释为什么会有火山喷发。下面就介绍几则他们的故事。

古罗马的火神是伏尔甘，他是一名铁匠，在地下世界开了一间铺子，在那里为别的神明打造兵器。每当伏尔甘打铁时，他的敲击就会震动大地。有时伏尔甘也会对他的妻子爱神维纳斯大发脾气。这时他就会狠命

亚特兰帝斯和圣托里尼会是同一个地方吗?

一副描绘1866年圣托里尼岛火山喷发的画作。

敲打铁砧，而灰尘和火焰就会从他的地下铺子里通过烟囱升腾到地球的表面。

古希腊火神赫菲斯托斯创造了一个名叫塔罗斯的青铜巨人，命令他保护克里特岛免受侵略。塔罗斯站在附近一座高山的顶部守护着克里特，具体的位置可能是有火山活动的锡拉岛。他将全身烧得火热，向任何胆敢靠近的人投掷岩石。神话里说，有人向塔罗斯下了一道咒语，导致他的视力变差，脚底打滑。他摔伤身体后，体内的血液全部流出，就变成了熔岩。

赫菲斯托斯的古代青铜雕像。

另一则希腊神话描述的是古城亚特兰帝斯。因为这座城市里人心腐坏，于是一天夜里，众神引发地震和烈火毁灭了它。最终，古城沉进大洋，从此再也没人见过。长久以来，人们认为这则神话不过是编造出来的故事。但是最近却有研究者注意到了这个故事和古人对爱琴海上的一次剧烈火山喷发的记载有着许多相似之处。根据记载，圣托里尼岛上的一座火山曾经剧烈喷发，将古代米诺斯文明彻底毁灭。

那么，亚特兰帝斯和圣托里尼会

一对马赛人母子，
远处就是伦盖伊火山。

基拉韦厄火山的熔岩
流过夏威夷的一条公路。

海克拉火山喷发
之后，一座冰岛村庄
被火山灰埋没。

是同一个地方吗？从研究古代文明的学者收集的证据来看，或许真是如此。

在火山的阴影下生活

相比古希腊和古罗马，现在我们对火山的研究已经取得了长足进步。古人只能用故事和神话解释火山活动，但我们却能用科学来确定火山喷发的原因和时间、还有它们塑造我们这颗行星的各种方式。

但是即便我们有了这些知识，火山依然影响着全世界数百万人的生活。下面我们就来看看在火山的阴影下生活是怎样一种感受。

缺点

当火山喷发时，居住在它附近的居民就会有危险。灰尘、泥土和其他火山物质可能会掩埋山坡和附近的城镇，破坏甚至摧毁住房和庄稼。火山碎屑会阻塞河道溪流，从而引发洪水。炽热的熔岩流过的地方，可能引发火灾，它们还会放出有毒的气体，使得几千米范围内的人和动物难以呼吸。

火山喷发的威力，在距离火山几千米远的地方都能感受得到。有时这些影响会持续很长一段时间。下面就说一个关于火山毁灭的真实事件。

先是公元536年，再是公元540年，两座超级火山先后喷发。事情已经过去太久，今天的科学家也无法确定喷发的是哪两座火山了，但他们猜测其中的一座是萨尔瓦多的伊洛潘戈湖火山。

就在第一次喷发之后不久，全世界的作家和历史学家都记录了一些惊人的变化。在爱尔兰，小麦停止生长，人们无法制作面包。在中国，黄色的尘土“像下雪般”从空中落到地面。在大半个中东和欧洲部分地区，烟雾遮挡了阳光。在斯堪的纳维亚，气温下降了大约2摄氏度，由此造成了一个格外漫长且寒冷的冬天。在秘鲁，严重的旱灾摧毁了曾经强大的莫切文明。全世界都有人冻死、饿死或是死于瘟疫。第一次喷发之后的第一年，就有大约2,500万人死去。这个数字最终翻倍，一个原因是公元540年还有一次大规模的火山喷发。

而在1883年，当印度尼西亚的复式火山喀拉喀托火山喷发时，它不仅摧毁了与它相邻的土地——三分之二的喀拉喀托岛坍塌并沉进了海里，同时也影响了海洋本身。喀拉喀托火山的几次爆发产生了巨大的火山碎屑流，这些巨流倾入大洋，引发了18次巨型海啸。海啸在印度洋中横扫而过，激起的波浪足有40米高。巨浪摧毁了附近的苏门答腊和爪哇岛上的村庄，其他被它们击中的地方也无一幸免。在短短一天时间里，就有165座村庄被毁，有的岛屿更是完全被波涛淹没。即便在约80千米之外雅加达海外的千岛群岛，人们也不得不爬上树木才能不被波浪卷走。

这次海啸的威力极强，它的波浪甚至到达了新西兰和夏威夷。另外至少有一位研究者称，连远在英伦三岛的潮汐量表也记录到了水位的变化，他认为那正是印尼海啸的波涛造成的结果。

时间较近的2010年也发生了一次火山喷发，你或许听说过它，或者还记得它。那就是

幸存故事

1992年，制片人迈克尔·本森和克里斯·杜迪乘坐直升机，在基拉韦厄火山翻腾的火山口上空拍摄。突然，直升机失去了动力，本森、达迪、连同飞行员克雷格·霍斯金随之坠落。直升机掉在了火口底，边上就是一潭滚烫的熔岩。

霍斯金奋力爬到火山口外，登上了一架营救直升机。但本森和杜迪却怎么也爬不出来。火山口内的石壁炽热而疏松，浓厚的二氧化硫气体致使他们无法看清东西，两人连对方都看不清楚，也不知道对方是否还活着。在火山口里困了一夜之后，杜迪终于爬到了安全的地方。本森藏身在一条石缝里，想等力气恢复了再爬出去。他后来回忆说，正当他挣扎求生的时候，他仿佛看见了火山女神佩蕾朝自己走来。在断粮断水两天之后，火山的烟雾终于散去。一架营救直升机发现了本森，并将他载到了安全的地方。

熔岩沸腾的基拉韦厄火山口。

日本樱岛火山上方的闪电。

冰岛的艾雅法拉火山。起初，这座火山的喷发并无异常，仅仅是在布满岩石的表面某处，有一条火山通道里渗出了一些熔岩而已。

然而艾雅法拉火山是一座位于冰川下方的复式火山。当熔岩从冰层覆盖的火山通道向外涌出时，冰层融化并且化作了蒸汽。再接着蒸汽爆炸，熔岩迅速而猛烈地从火山中射出。随后熔岩又迅速冷却，碎成了一片片如刀子般锋利的细小火山灰。由这些火山灰构成的烟柱升到了9,144米的高空。这股火山灰中包含了部分毒气，使人呼吸困难。就连飞机也无法穿越厚重的灰尘，因为驾驶舱里的驾驶员根本无法看清舱外的景象。更危险的是，这些灰尘还可能钻进发动机，在那里熔化并黏连在发动机的零件上。

2010年，冰岛的艾雅法拉火山喷出滚滚浓烟，人们将一匹马带到了安全的地方。

那样就会导致发动机停止运行，甚至可能还会导致飞机坠落。

艾雅法拉火山的灰尘在欧洲大陆上空凝结了整整七天。在这段时间里，大多数欧洲机场只得关闭。这虽然影响了全世界1亿人的旅行计划，却也保证了大家的安全。

从这几起火山事件中，我们可以知道，火山喷发会引发各种结果。其中最有趣的一种来自火山灰。困在大气中的灰尘和二氧化硫会导致人和动物的呼吸变得困难而危险，但它们也会使落日变成紫色、鲜红色甚至绿色！我们之前已经了解过，火山灰还会带上电荷，引起闪电，有的闪电会在空中划出“之”字形，还有的甚至会呈现球形。这些球状闪电

2015年卡尔布科火山喷发，杰夫·布赖登幸免于难。

幸存故事

2015年，远足者杰夫·布赖登和他的朋友阿维夫·布朗伯格在智利的比亚里卡露营、远足。他们走的是一条小路，沿途会经过三座火山，其中就包括卡尔布科火山。当时这座火山已经有43年没有喷发了。但是一天早晨，当布赖登和布朗伯格在帐篷中醒来时，却发现外面一片昏暗，仿佛太阳还没有升起似的。原来是灰尘蒙蔽了空气！布赖登意识到是卡尔布科火山喷发了。但是他们要往哪个方向跑才能脱险呢？因为眼前可是什么都看不见呀！他们把衬衫作为面具，以免吸进灰尘，然后在黑暗中寻找起了路边的标记。

两人四下里跌跌撞撞，始终找不到出路，他们开始慌张起来。突然，布朗伯格想到了他还有一块罗盘，他在罗盘的指示下找到了来时的路。渐渐地，他们沿着来路往回走了约10千米，途中被滚热的火山灰击中了几次。不知过了多久，他们终于找到了主路，这下终于安全了。

又叫“圣艾尔摩之火”，就连科学家也觉得它们神秘难解。它们会在空中滚动，掉到了地上还会再弹起来！由于火山灰会吸引空中的水珠，所以火山喷发还会引起降雨——甚至降雪。

优点

虽然火山会带来毁灭，但它们也能给周围的人和土地送去福利。它们的热量可以用于发电，它们从地幔深处运送上来的岩石和矿物能用来制作各种神奇的物品，比如坚固的路面，又比如美丽的珠宝。熔岩冷却之后，还会成为许多种动物和植物的栖息场所，并为土地提供丰富的营养物质，使各种作物茁壮成长。

熔岩中常常“出产”的玄武岩，捣碎之后，可以用来铺设道路和停车场；它也是混凝土中的一种成分；抛光之后，它可以用于制作地板，也可以用来雕刻。在南太平洋复活节岛的沿岸陈列的摩艾石像中，至少有一尊就是用玄武岩雕成的。

至少有一尊复活节岛头像是用玄武岩雕成的。

一千年前，在埃塞俄比亚的拉利贝拉，建筑材料是紧缺物品，但是当地的居民想出了在玄武质熔岩沉积物中雕刻出教堂的办法。在土耳其的卡帕多细亚，当地的居民把一种叫作“凝灰岩”的松软火山岩的锥形山丘挖空，当成房屋居住。

另一种火山岩是黑曜石，人们用它发明了一些有用的工具。黑曜石是一种亮度极高、如同玻璃般的岩石，它们是在熔岩快速冷却时形成的，在雕刻时会一片片地剥落。从石器时代（公元前

美国俄勒冈州纽贝里国家火山保护区内的巨大黑曜石。

6000年到公元前2000年）开始，人们就用它来制作刀、箭头、各种武器和其他工具。它还被制成了珠宝、镜子和小雕像，中美洲的各处都发现过千百年前制作的黑曜石物品。这种岩石能够磨得极其锋利，到今天仍用来制作手术刀，供医生在手术中使用。

浮石是一种质量很轻的石头，当快速冷却的熔岩中含有大量气体时，就会形成这种岩石。有的浮石会被射进大洋。因为不会下沉，它们能大片大片地在波涛上漂浮，并对过往的船只构成威胁。不过浮石也有许多用处。由于它的质地粗糙，如同砂纸，因此能做成清洁剂、磨砂膏和牙膏。你用过铅笔头上的橡皮吗？那里面就有浮石。你养猫吗？猫咪用的猫砂里很可能就有浮石。你穿过石磨的牛仔裤吗？用来磨洗它们的也是浮石。

这块金伯利岩中含有一颗钻石。

人类喜欢宝石，火山在其中也扮演了一定的角色。宝石中最受追捧的也许就是钻石了。钻石的形成，就是因为有极高的热量和极大的压力施加在碳上，从而改变了它的结构。这种石头只要再切割抛光，就会成为价值成千上万的一件珠宝了。钻石在地幔深处产生，然后随着一种名叫“金伯利岩”的罕见火山岩来到地表。金伯利岩为什么罕见？因为它们只有在“金伯利岩喷发”时才会被带到地表上，而这种喷发本身就很少发生。

据科学家估计，我们这个星球上已经至少2,500万年没有发生过金伯利岩喷发了。

火山可能对你的健康有益——也对你的花园有益！

火山会从地球的中心搅起各种有用的元素，比如锌、铅、铁、铜

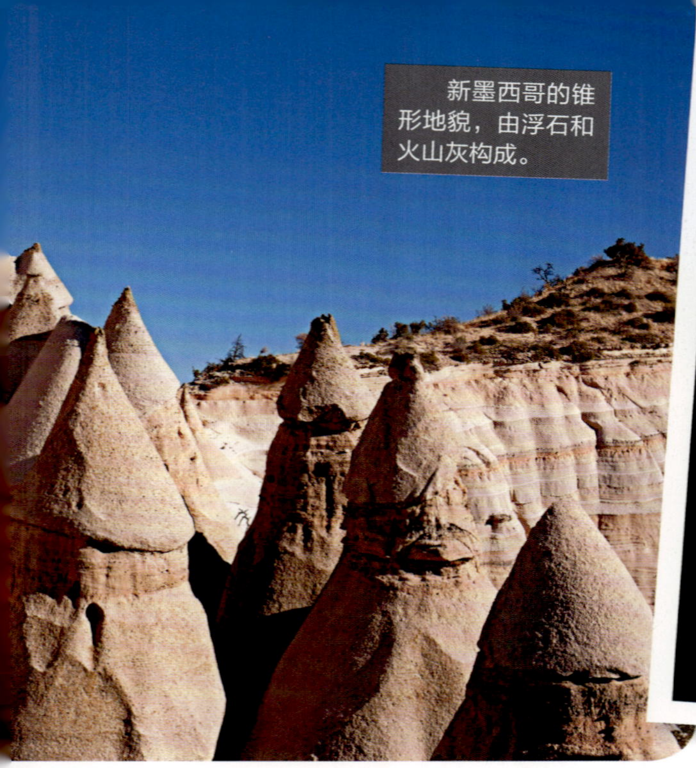
新墨西哥的锥形地貌，由浮石和火山灰构成。

美国航空航天局的卫星在冰岛西部拍摄到的浮游植物图像。

和金。人们使用特殊的工具从火山岩中直接开采这些元素。熔岩流中的岩石和灰尘里还可能包含许多其他元素，比如钾和氮，它们能让土壤变得更肥沃，使庄稼生长得更加茁壮。虽然火山灰和熔岩要经过多年后才会分解成肥料，可它们一旦分解就会渗进土壤深处，让土壤富含养分，特别适合种植柑橘、葡萄、橄榄、各种豆类，以及其他许多水果、蔬菜和鲜花。在印度尼西亚的默拉皮火山，农民们将花菜等作物一直种到了火山的山坡上。

巴厘岛有着肥沃的火山土壤，有利于稻米的生长。

火山灰对海洋也有好处。其中的铁质能使海洋中的浮游植物大量繁殖，而浮游植物会“吃掉”二氧化碳，避免这种气体大量聚集、改变气候。浮游植物是海洋中小型动物的食物，它们位于海洋食物链的底端。海洋中的小型动物再被较大的鱼类吃下，就这样大鱼吃小鱼，一直到海洋中最大的动物，像是鲸和鲨鱼之类。

火山发出的热量可以转化为地热能，用来温暖我们的房屋。冰岛国内有大约200座火山，其中的许多都是活火山。这个国家的火山活动实在是太活跃了，以至有超过25%的电力、75%的暖气和热水都是地热能提供的——地热，也就是来自地下的热量。这种对环境无害的能量还在许多国家得到了利用，包括意大利、印度尼西亚、日本和新西兰。此外，美国也在使用，比如加州北部的盖沙斯发电厂就是世界上最大的地热发电厂。

火山泥浴

阿里安娜·索尔达蒂

我知道有许多人都喜欢泡火山泥浴。当我在乌尔卡诺火山做实地考察时，我发现意大利这个地区的人就是这样。乌尔卡诺火山就紧靠着海边，当地人喜欢先在这个大泥潭里泡一会儿泥浆浴，然后跳进海里游个泳。这个浴场总是熙熙攘攘，随时有许多浴客在里面享受着火山泥浴。他们有的人相信，泥土中的硫磺能够清理皮肤。我曾经去过这家浴场，还把脚趾伸了进去。那感觉软软的、热热的，就触觉来说确实不赖。但就是硫磺的味道闻起来像臭鸡蛋，沾上了衣服就很难洗掉。而头发更是一连几天都是一股硫磺味。我可不想好几天浑身都散发一股臭鸡蛋味，于是决定还是不下去泡了。

意大利西西里埃奥利群岛的火山泥浴。

用火山加热：美国加利福尼亚州的地热发电厂。

此外，地热还有其他用处，比如用来加热食物。日本的大涌谷有一道美食叫“黑蛋”。大涌谷位于一座破火山口的内部，那是箱根山在3,000年前喷发之后形成的。这个破火山口里四处分布着富含硫磺的温泉，当地人把鸡蛋放进这些温泉里煮一个小时。当温泉的热量加热鸡蛋时，泉水中的硫磺也会和蛋壳中的钙发生反应，将蛋壳变成黑色。或许是迷信吧，但有的人就是认为在硫磺中煮熟的鸡蛋特别有益健康。当地甚至有这样的传说：吃“黑蛋”能让人增加七年的寿命。

而在冰岛，有一种黑麦面包的传统做法是将生面团埋进地里，然后靠地热把它烤熟——这就像是一座埋在地下的火山烤炉！冰岛首都雷克雅未克的郊外有一家餐馆，里面的所有食物都是这样烹饪的，包括鱼类、蔬菜、甚至蛋糕。同样的，在葡

在火山烧热的水中烹饪“黑蛋”。

日本的雪猴正在温泉里泡澡放松。

萄牙的圣米戈尔岛有一道传统炖菜，厨师先把食材放置在汤锅里，然后用岛上火山的地热烹饪七个小时。这道炖菜里什么都有一点儿：猪肉、牛肉、鸡肉、甜土豆、甘蓝、胡萝卜——还有一大团来自火山的热气。

西班牙的兰萨罗特岛上也有一家餐厅，用火山的热烟和蒸汽来加热食物。那里的大厨做了一个特别的烤架，就搁在当地一座火山的火山通道上方。还好这座火山从1824年起就开始休眠了。

火山还可以用来美容呢！火山泥温暖且富含矿物质，有许多人从远处赶来，就是为了能洗一个热气腾腾的火山泥浴。

还有的火山能产生温泉，人类（还有一些猴子！）把它们当成了全天然浴桶。比如日本的樱岛火山烧热了周围的水域，吸引了人们前来泡澡。它也烧热了附近的沙滩，人们相信，温暖的沙子能缓解关节疼痛。

火山对动物也有好处

肯尼亚有一个火山谷，里面有一个柏哥利亚湖，湖水依靠间歇泉保持着温度。湖里还充满了钠和碳酸之类的矿物质，这些矿物质喂饱了许多藻类，而藻类喂饱了蟹类，蟹类又喂饱了栖息在湖上的几千只粉红色的火烈鸟。火烈鸟那一身粉红色的羽毛，就是因为它们吃下的藻类和甲壳类食物的体内含有大量胡萝卜素的缘故。

肯尼亚柏哥利亚湖中的火烈鸟。

还有其他动物也从温泉中得到了各种好处。印度尼西亚的苏拉塚雉利用地下的热量解决了一个大问题。这是一种中等体型的鸟类，但却能产下巨大的鸟蛋，大到它们根本无法坐在上面将蛋孵化。这个问题该怎么解决呢？它们把蛋埋在了火山附近温暖的泥土里，利用土壤将鸟蛋孵化，直到小鸟破壳而出。塚雉还有一个有趣的特性，那就是幼鸟一出生就会飞——如果这时候正遇上火山喷发，这个本事就能派上用场了！

苏拉塚雉将蛋埋在火山能加热的土壤里。

在南太平洋的萨摩亚群岛，科学家发现了一座“鳗鱼城”。在那里，几百条蠕动的鳗鱼在一座刚刚形成的水底火山附近生活，火山的名字叫“纳法努阿”（Nafanua）。而同样位于南太平洋的所罗门群岛，科学家在研究一座活火山时有了意外的发现，他们发现有一条罕见的太平洋睡鲨生活在卡瓦奇火山内部！它是怎么到那里面去的？又是怎么活下来的呢？没有人能说清楚。科学家还在探讨原因。

火山绘画

阿里安娜·索尔达蒂

几年前，我开始给火山画像。起因是我的男朋友，他也是一名火山学家，当时正在阿拉斯加海外的阿留申群岛做实地考察，在那里的几座火山上采集熔岩和火山碎屑的样本。我们相隔得实在太远，彼此既不能打电话也不能发电邮。为了和他的工作产生联系，我到网上搜索了一张布尔迪尔火山的照片——那是他将要考察的一座火山。我把它画了下来，随即发现我真的很喜欢画画。画画让我放松，也是研究中的一项不错的消遣。

而且视觉观测也是火山学的一个重要组成部分。比如我们对火山的描述和分类，就是靠视觉观测完成的：烟柱有多高？熔岩在喷出的时候是否炽热？火山灰能飞多远？这些都是要用眼睛来看的。对照真实的照片画出各种火山活动，这是关注火山细节的一个很好的方法。我在绘画时总会努力在脑海中回忆这些细节，并尽量准确地将它们呈现出来。这还是一种提高观测能力的方法，以后在现场需要画下火山喷发的草图时也能派上用场。

现在我每个月都要空出两个小时，绘制不同的火山和各种类型的喷发。到今天已经画了超过13幅了，我还会接着画下去的！

阿里安娜笔下基拉韦厄火山的夜景。

火山喷发之后，大自然如何恢复？
圣海伦火山的这30年

1980年，喷发前的圣海伦火山。

从当代的火山喷发中，科学家能了解到许多关于火山喷发的知识。这些喷发还显示了在喷发之后的漫长岁月里，生命是如何缓慢而坚定地恢复正常的。科学家在美国西部得到了一个好机会，得以研究一次火山喷发和它的后果。

1980年5月18日，美国华盛顿州的圣海伦火山喷发了。之前的两个月里，附近的人们一直在等待它的喷发。因为他们感觉到了脚下的大地隆隆震动，也看见了火山口喷出的蒸汽。但他们不知道的是，这次喷发将会释放史上少有的强大破坏力。它甚至可以和维苏威火山的喷发相提并论，维苏威火山在公元79年的那次喷发将意大利南部的古城庞贝彻底埋葬。

圣海伦火山的喷发造成了57人遇难，大量动物丧生。它将约518平方千米的森林夷为平地，喷出的泥土和灰尘还污染了水道。但是在喷发之后的那几年里，所有科学家都得到了益处，无论是火山学家、生态学家、地质学家还是植物学家，他们都对火山喷发的原因，以及火山周围的土地、动物和植物的恢复情况积累了宝贵的知识。

喷发之前

那是西北太平洋上五月寒冷的一天。地上还有一些积雪，斯皮里特湖的湖面上还留着些许残冰。不过红桤木、银杉、花旗松和美国西部铁杉都已经感受到了春意。圣海伦山脚下的吉福德·平肖国家森林内，湖冰下的鳟鱼，还有麋鹿、青蛙、山羊和囊鼠都已经在迎接春天的到来了。

清晨时分，喀斯喀特山脉里的人们正在为每天的生活忙碌着。有的家庭在野外露营，伐木工人砍伐着树木，矿工们收集着矿石，地质学家在山脉上研究着火山。这一带有瑞尼尔山、亚当斯火山和胡德火山。但他们最感兴趣的还是圣海伦火山，它是喀斯喀特山脉里最年轻的一座。地质学家们都想知道它什么时候会喷发。

这座40,000岁的复式火山的上一次喷发是在1857年（但也有科学家认为它在1898年、1903年和1921年发生过几次小型喷发）。然后到了1980年3月，在它周围一个月内就发生了数百次小型地震。3月27日，圣海伦火山从冰雪覆盖的火山口里喷出了一大团蒸汽。火山口开裂了！一周之后，它已经明显增长了许多，还裂开了两道新的口子。起先是每个小时都有蒸汽喷出，接着频率变慢，变成了一天一次。有一面山坡因为岩浆而鼓了起来。所有迹象都表明，这座火山马上就要喷发了！

尽管如此，却不是每个人都认为这即将到来的喷发会有多大的威力。虽然科学家已经发出了警示，但许多人还是被圣海伦火山积聚的能量震惊了。

火山爆发了！

喷发的第一个迹象出现在1980年5月18日星期天的上午8点32分，一场地震引发了一场崩塌，泥土、岩石和冰块从圣海伦火山的北坡滚落，掉进了下面的山谷里。这是地球历史上规模最大的一次岩屑崩落，落下的岩屑足够填满100万个奥运标准的泳池。这次崩塌还揭开了一只盖子，暴露了火山内部积聚的岩浆。积攒了两个月的压力一下子释放了出来，圣海伦火山彻底爆发了。爆发发生在山坡的侧面，喷出的物质直接穿过了崩落的岩屑。此时崩落的速度已经达到了每小时483千米。除了岩屑之外，还有从火山的锥形山体上掉下的岩石和尘土在崩落，因为有近400米高的山体直接被爆发炸塌了。短短几分钟后，又发生了一次火山碎屑爆发，烟尘升到了约24千米的空中。

火山喷发之后，美国华盛顿州的图特尔一片废墟。

一小时后，圣海伦火山的火山通道里又射出了一波普林尼式喷发，导致更多的火山碎屑喷射出来，几股火山碎屑流从火山口冲出，以每小时约130千米的速度奔流而下。强风把火山灰带到了几千米外，最远达到了约1,500千米之外、位于美国中西部的北美大平原。而距离喷发地点约400千米的地方，华盛顿州的斯波坎市一片黑暗。滚热的熔岩和火山碎屑融化了山上的冰雪，引发了大规模的火山泥流，凡是它们经过的地方，树木、道路、桥梁和房屋全被摧毁。这次喷发持续了整整九个小时。

喷发结束时，火山周围一片死寂。圣海伦火山方圆约10千米内，所有的树木都被冲倒、烧焦，曾经纯净清澈的河流湖泊现在被尘土和碎屑堵塞。据估计，喷发共造成了7,000只鹿、麋鹿和熊等大型哺乳动物死亡；同样死去的还有许多鸟类、小型哺乳动物和数百万条鱼。房屋和道路被摧毁了，还可以修复重建，但圣海伦火山周围的自然界还能复原吗？

圣海伦火山喷发时产生的火山碎屑流。

自然重建了自身：喷发后的一年

圣海伦火山在1986年又爆发了几次。1989年到2001年，以及2004年到2008年，它先后两次进入了活跃期。虽然这些小型喷发中也产生了火山灰、火山泥流和火山碎屑流，但它们都不能和

圣海伦火山喷发之后
斯皮里特湖一片狼藉。

喷发30年后，斯皮里特
湖已经恢复了曾经的纯净！

1980年5月的那次喷发相提并论。吉福德·平肖国家森林内，环绕圣海伦火山分布的那片区域，大自然开始了漫长的康复之路。

自然是有韧性的。圣海伦火山爆发后短短十天，科学家就发现有真菌在这片区域散播。在森林火灾和火山喷发之类的自然灾害之后，真菌是帮助大自然重建自身的好帮手。它们能分解灾难留下的腐烂物质，使新生命得以生长。

像小鼠之类的小型穴居动物大多在喷发中幸存了下来，因为火山喷发时它们都藏到了地下。还有一些零星的草本、灌木和树苗，它们许多都受到了地面积雪的保护。

爆发之后，原本清澈见底的斯皮里特湖里被倾倒了大量的碎屑，变成了近乎黑色。接下来的几年里，它始终十分浑浊，只有细菌能在这里生存。不过随着水质渐渐变清，阳光也照射到了越来越深的地方。于是植物得以重新生长，才能引来鳟鱼这些的鱼类。到1993年，科学家发现湖里出现了新的鳟鱼。

崩落的岩屑把地面砸出了一个个凹坑，这些凹坑陆续被地下水和雨水注满，形成了150个新的水潭。喷发之后一年，科学家在这些水潭里找到了树蛙和西北蟾蜍。九年之后，蝾螈也回来了。

羽扇豆在喷发后留下的
火山灰和熔岩上茁壮成长。

风也带来了蜘蛛、昆虫、还有羽扇豆的种子，1982年，这种植物第一次在这片地区萌芽。羽扇豆的体内含有大量氮元素，能帮助土壤恢复营养，从而促进其他植物的生长。囊鼠也帮了不少忙。许多囊鼠在这次喷发中存活了下来，因为和小鼠一样，它们也把家安在了地下的深处。它们在地底钻洞，使旧的泥土和新的火山灰混合在一起，形成了营养丰富的土壤。麋鹿也从附近搬来了，它们吃下植物，排泄出植物种子，而这些种子又长成了新的植物。

虽然1980年的那场喷发是毁灭性的，但大自然很擅长从灾难中恢复。科学家观察着，也学习着。他们见到的一切，都在帮助他们理解自然是如何从毁灭性的喷发中恢复的。研究圣海伦火山的科学家还组织别处的同行分享信息，将如何收集数据的经验传授出去，那些同行有的研究的是位于白令海的卡萨托奇火山，它在2008年喷发；还有的研究的是智利的柴滕火山，它于2009年喷发。

古怪的火山和古怪的火山特征

科学家对火山知道得越多，就越会发现自己还有许多不知道的事。这是为什么呢？因为火山会表现出一些奇怪的行为。下面就介绍一些世界上最古怪的火山行为。

地震尖叫

位于阿拉斯加安克雷奇的“尖叫”火山里道特。

当你听见一座山像烧开的茶壶一般尖叫，那说明了什么？说明火山就要爆发了！2009年，阿拉斯加的里道特火山喷发了。当时它就发出了一种惊人的高频声响。经过研究，那声音原来是来自里道特火山的火山通道下方，当时那里以每秒30次的频率发生了一连串微型的地震，造成了科学家所说的“地震尖叫”（seismic scream）。

隐身魔术

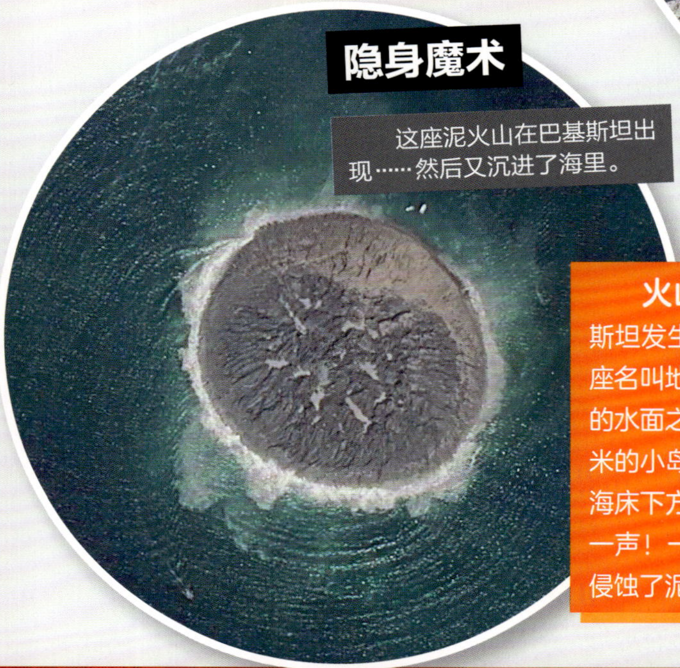

这座泥火山在巴基斯坦出现……然后又沉进了海里。

火山你好……火山再见。2013年，巴基斯坦发生了一场7.7级的剧烈地震。不久之后，一座名叫地震山（Zalzala Koh）的岛屿就从阿拉伯海的水面之下冒了出来。但其实，这座91.4米乘36.6米的小岛是一座泥火山，它的形成是因为地震引起海床下方的液体扩张，将泥土向上推动，然后哗啦一声！一座岛屿就诞生了！到2016年，随着海水侵蚀了泥土，这座小岛也就此消失了。

彩色的喷发

卡瓦伊真火山的蓝色硫磺焰。

红色不是火山唯一的颜色。当印度尼西亚爪哇岛上的卡瓦伊真火山喷发时，它从山坡上喷出了蓝色的火焰。这种颜色是因为炽热的硫磺气体遇到了氧气发生燃烧，这种蓝色气体会浓缩成液体，当液体进一步冷却固化，还会变成一种粉末状的黄色矿物，并散落在火口底。

破碎的熔岩

伦盖伊火山的碳酸盐岩熔岩泉，熔岩在半空中凝结。

虽然说，所有的翻花熔岩都有着玻璃般的质地，但是坦桑尼亚的伦盖伊火山却将这个特点发挥到了另一个境界。它喷出的熔岩流动性非常强，类似于橄榄油。当熔岩液滴冷却并落到地上，它们就会像玻璃一样摔个粉碎。

知识大爆炸！

喷发的火山并不是我们这个星球上唯一的自然灾害。就算在没有火山的地方，地球也会受到飓风、龙卷风、地震和森林大火的侵袭。每当发生这些灾害，我们就可能要为了安全离开家园。

和你的家人一起商量，制定一份**家庭紧急撤退计划吧！**

制定自己的家庭紧急撤退计划

你们需要确定：

- ☑ 你们生活的地区会有哪些类型的自然灾害？
- ☑ 查询你们社区有没有紧急预警、撤退和避难计划。
- ☑ 你如果要离开目前居住的城镇，可以到哪里暂住几天？想想你有没有亲属住在开车可以到达的地方，或者在危险区域之外有没有酒店或是旅馆？如果你养了宠物，要确定那些地方是否允许饲养宠物。
- ☑ 如果你们不能开车，那可以搭乘什么交通方工具？公共汽车？轮渡？还是火车？
- ☑ 如果家人之间走散了，你们要怎样找到对方？和你的家人商定一个会合地点，这个地方可以是你们的家里，或者一个朋友或亲属的家里，也可以是你的学校。

访问ready.gov，**查找更多**关于家庭紧急撤退计划的信息。

备齐物品，包括：

能保存三天而不会变质的食物

钱和身份证件

能喝三天的瓶装水

地图

急救箱

一部使用电池的收音机，用来收听天气预报和最新的撤退消息

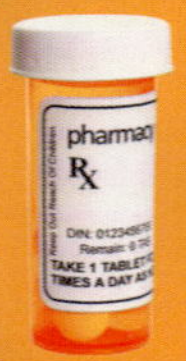

处方药

宠物粮

汽车使用的备用汽油

手电筒和备用电池

火山学家正在研究留尼旺岛上的富尔奈斯火山。

第四章
严肃的科学

专家寄语

乌尔卡诺是意大利的一座岛屿，就在西西里岛的北部。

阿里安娜·索尔达蒂

22岁那年，我作为志愿者在乌尔卡诺观测站工作了两个星期。我的职责是向游客介绍这座火山和它的危险性。

我的主管是一位火山学家，他的主要研究领域是气体测量。

第一次爬乌尔卡诺火山时，我凌晨4点就起床了。我的志愿者工作要到晚上6点才结束，如果等到那个时候再去爬山，外面的温度就太高了。爬山时，硫磺的味道从喷气孔（这是我们对火山周围放出气体和蒸汽的通道的称呼）中溢出，就像臭鸡蛋似的相当刺鼻。我感到喉咙很疼，不停地咳嗽。随着我向上攀爬，脚下的地面也发生了改变，起初是松软的泥土，后来变成了坚硬的岩石。爬到山顶的时候，太阳正好升起。那感觉真是美妙——周围一片寂静，安详极了。这里没有植被，仿佛是一片高高的沙漠。我向远处眺望，能看见相邻的几座岛屿和岛上的火山。更远处是城市和镇上的点点灯光。

乌尔卡诺火山有许多壮观的气体活动。当我第一次看见它时，它的喷气孔中逸出的气体比平时还多。不过气体活动增多未必表明火山就要喷发了。因为许多从喷气孔中逸出的气体其实是水蒸气，和这关系更大的可能只是降水量的多少。

更加说明问题的是火山喷气孔周围沉积的黄色硫磺。不同的气体来自不同的深度。硫磺气来自岩浆，它们往往位于地幔，藏得很深。所有的火山都会释放气体，但如果你看见有大量的硫磺沉积，那就说明地表以下有岩浆。如果我嗅到一丝臭鸡蛋的气味，那很可能就是由下方岩浆里的硫磺气体产生的。接着，当我俯视那个心形的火山口时，我意识到自己正在观看的是一个不断变化的活物。

黄色的晶体
就是硫磺。

这么多的硫磺会造就一座臭气熏天的火山！

不同的**气体**来自不同的深度。**硫磺气**来自**岩浆**，它们往往位于**地幔**，藏得很深。

从高处俯视，可以看见乌尔卡诺火山的喷气孔。

正在释放气体
的乌尔卡诺火山

人类的故事往往也就是火山的故事。

人类的存亡取决于我们对自己生活的这颗行星的爆炸性威力有多少了解，也许将来还要取决于我们对其他行星的了解。而我们对这个问题的了解往往是通过科学建构出来的。

描述对火山的科学研究的词叫“火山学”，不过火山学并不是只研究一样东西。火山学家要研究过去和现在的火山喷发的许多方面，从而更好地预测将来可能发生的喷发。许多火山学家都是地质学家——也就是说，他们通过研究岩石、金属、矿物、水、气体和石油来了解地球是如何形成的。那些在野外搜集岩石的地质学家叫作“野外地质学家”。

还有一种“物理火山学家”，是研究火山的形成与功能的地质学家。他们也研究火山喷发时会喷出什么物质来。这些信息能让我们对火山的历史有更多的了解，也有助于我们预测火山在将来可能发生的变化。

地球物理学家研究的是地球的地壳和构造板块。他们的一些研究可能涉及伴随火山喷发而产生的地震，以及地球的引力和磁场对火山喷发的影响。地球物理学家有时候还要和地震学家，也就是研究地震的科学家合作，一起研究地震引起的振动如何影响火山以及构造板块的运动。

测地火山学家研究的是火山的形状和周围地区的变化。地球化学家研究地球的化学构成和化学性质，他们还研究火山产生的气体、熔岩以及火山灰的化学构成。

还有许多领域的科学家的研究中也包含了火山。这些勇敢的人有的单独行动，有的结成团队，他们帮助我们增进对地球的了解，也让我们能在脚底的岩浆上方安全地生活。

火山学家在近距离观察埃特纳火山的一次喷发。

研究者在印度洋留尼旺岛上的富尔奈斯火山上采集熔岩标本。

火山科学家的工作

光是美国境内的活火山就有169座，科学家认为其中有54座对人类构成了威胁。也就是说，它们随时都会喷发，并且危害人的性命。幸好还有火山科学家，他们努力工作，为的就是预测这些火山什么时候会爆发！他们研究从前喷发留下的岩石，并观察现在的喷发所产生的熔岩、气体和水。火山学家还要研究火山的形状，并为喷发建立计算机模型——这都是为了帮助我们和火山安全的共存。以下这些是科学家会为我们解答的问题：在活火山或休眠火山附近建造住宅、农场或工厂安全吗？当火山喷出气体和灰尘时，飞机能从它的上空飞过吗？当火山喷发结束时，人们什么时候才可以返回家园呢?

火山科学家要对火山密切观察，从而确定它们目前的危险程度，并预测它们未来喷发的时间和细节。这样的观察部分是在火山观测站完成的。在美国有五座这样的观测站，分别设在阿拉斯加州、加利福尼亚州、西北太平洋的喀斯喀特山脉、夏威夷和黄石国家公园。每座观测站都负责监测本区域内的所有活火山。这项工作由来自各个地质研究机构和大学的科学家共同完成。他们还会和其他机构交换信息，比如专门监测天气和气候的国家海洋局和大气管理局。科学家们还会和其他国家的火山监测组织保持联系。

那火山在搞什么名堂?

经过多年的详细研究之后，火山科学家们已经明确地知道要预测一次喷发应该监测哪些现象了。首先他们要观察地震活动。其次还要观察一座火山周围地面的变化：在火山喷发前，其周围的地面通常会鼓起，这是由岩浆上升引起的。最后他们还要测量火山的温度变化，以及从火山中逸出的气体、水或熔岩的化学构成。有时候这些信息还要和之前的喷发中收集的数据作比较。

美国国家航空航天局的宇航员在国际空间站上拍摄到的埃特纳火山的喷发柱。

一位火山学家在基拉韦厄火山的普乌沃沃火山通道旁监测气体。

火山的威力到底有多强？如何测量火山的喷发？

从太空中俯视俄罗斯萨雷切夫火山喷发的情景。

不同的火山，喷发的威力也各不相同，于是火山学家设计了一张叫作“火山爆发指数”（Volcanic Explosivity Index）的量表，简称VEI，并用它将火山的喷发分成了0到8级。这并不意味着将来的火山喷发不能超过8级，只是我们目前知道的最强大的喷发还只有8级而已。谢天谢地，这个级别的喷发还没有在人类历史上出现过。

以下就是VEI各个级别的定义。

VEI 0～2：每天或每周发生一次小型的喷发。夏威夷的冒纳罗亚火山就经常有0～1级的喷发，日本的云仙岳在1792年有过一次2级喷发。

VEI 3：每年都会喷发几次。它们的喷发柱至少有15千米高。哥伦比亚的内瓦多·德·鲁伊斯火山在1985年发生过一次3级喷发。

VEI 4～5：这是每10年或100年发生一次的大型喷发，喷发柱至少有25千米高。加勒比海的培雷火山在1902年喷发时就达到了4级，圣海伦火山在1980年的喷发达到了5级。

印尼喀拉喀托之子火山的一次猛烈喷发。

VEI 6～7：巨型喷发和超巨型喷发，比如1883年印度尼西亚的喀拉喀托火山爆发就达到了VEI 6，1815年坦博拉火山的爆发达到了VEI 7。这两个级别的喷发会将天空笼罩在灰尘和黑暗之中，还会引发其他毁灭性的气象事件，比如海啸。

VEI 8：如果像黄石火山这样的超级火山再次喷发，就会达到这个级别。火山学家用“劫难”来形容VEI 8级的火山喷发造成的后果，因为它们真的有这么厉害。

在美国俄勒冈州的三姐妹火山，全球定位观测站正在收集和传输数据。

火山喷发之前发生地震是很常见的事，随着岩浆上升，大地也会轻轻震动，这种现象称为“低频地震”，只有仪器才能“感觉”出来。有的低频地震实在太弱，就算在我们的脚底下发生，我们也感觉不到，需要靠一种名叫“地震仪”的机器才能探测。当一座火山休眠时，科学家就会将地震仪放在它的内部和周围。这些仪器将信号发送回观测站的机器，再由那里的地震学家解读。地震学家能够判断发生的是什么类型的地震、是否需要发布警报。并不是所有的地震都意味着有岩浆和气体在火山内部上升、对地壳形成压力并最终导致火山爆发。但是间隔很短的地震就需要警惕了，特别是如果它们接连发生，构成所谓“震群”的时候，火山学家就知道可能即将有火山要喷发了。

火山周围的地面变化或是火山本身的变化称为“火山形变”。这种形变有的是火山的表面鼓起，比如圣海伦火山在1980年喷发之前，有一面山坡就是如此。还有的是火山的表面出现裂缝，或者是火山周围的地面下沉。火山形变说明火山下方有岩浆、气体或水在运动，或许还在聚集。这些变化十分微弱，靠肉眼是无法辨别的，因此火山学家使用了许多工具来监测火山形变。

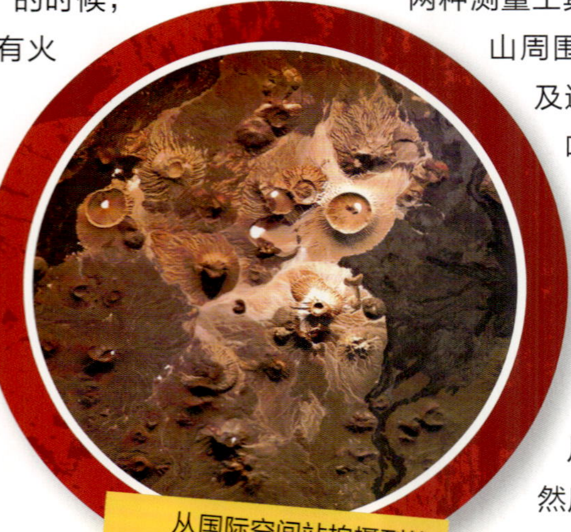

从国际空间站拍摄到的位于沙特阿拉伯的哈拉特喀巴尔火山。

比如他们会在现场放置两种特别灵敏的仪器：倾斜仪和应变仪，通过它们向观测站内的科学家发送数据。他们把倾斜仪放置在火山附近钻出的洞口里，测量火山周围地面的倾斜程度。应变仪同样是放置在洞里，但它们测量的是两点之间距离的变化。有了这两种测量工具，火山学家就能记录火山周围的区域是如何运动，以及这种运动是否预示着一场喷发了。

火山学家还会利用卫星影像来监测火山形变。人造卫星用雷达从太空中持续拍摄某座火山的高清照片，这些照片输入一个计算机程序，然后建立一个反映火山和火山周围地区的模型，就能将它的一切变化都体现出来。有了这种手段，科学家不仅能预测火山何时喷发，而且还能描绘出这片地区的形状，以及熔岩在过去的流向。有了这些信息，科学家就能预测下一次喷发时的熔岩运动，以及设立观测站的安全地点了！

这个瓶子的蒸汽和气体样本是从黄石国家公园收集的。

一位火山学家正在收集熔岩样本。

从熔岩的热成像图片可以看出不同的温度。

真够烫的！

我们都知道火山底下是非常炎热的，但那里的温度也并非始终如一。火山里会跑出各种物质，有制造出泥温泉和喷气口的蒸汽，有创造出间歇泉和温泉的水，当然还有熔岩，根据火山内部情况的不同，这些物质的温度也会变化。当温度开始大幅度上升时，火山就做好了喷发的准备。火山学家用名叫“热电偶”的装置来测量温度，这种装置可以放在火山通道的正上方，甚至可以放在缓慢流动的熔岩表面。

就算不能靠近火山，科学家依然能测出地下热量上升的情况，他们使用一种特殊的热成像摄影机，或者靠人造卫星从太空传来温度数据。科学家还会测量从火山中喷出的水和气体中的成分。当岩浆位于地下深处时，它们释放的是二氧化碳和水蒸气。而当岩浆上升时，它们又会放出二氧化硫。因此当科学家发现火山内的二氧化硫含量上升时，那就说明它就要喷发了。

通过用肉眼观察火山的行为，火山学家也能得到许多信息。比如他们会从观测站的观测台上观看每一场喷发，并记下相关的信息，例如喷发柱有多高、喷发持续多长时间、又有多少熔岩在流淌等。

有的火山学家更是走到了火山跟前，还动起了手。他们穿上特殊的防护服，并将大量设备拉到了火山活动的现场。有时候，实地考察的火山学家会在活火山上驻扎几天，他们有的被烟雾呛得喘不过气，还能形容自己在流淌的熔岩前面逃命的情景。

靠近一座喷发的火山是有好处的。这样

科学家就能采集火山岩或是依然黏稠的熔岩样本，然后对它们开展测试，并和古代的火山喷发相比较。他们有时候会乘坐直升机飞过一座沸腾的破火山口，在那里观察其内部的火山活动。有时他们只在火山上安放监测设备并记录信息，以便在日后复查数据。他们还可能在熔岩管里探险或是在火山顶上露营，以此观察火山的活动是怎么一天天变化的。

潜入水下，飞上太空

有一类十分特别的火山学家，他们把海洋当作了研究场所。水下火山学家是火山科学家中稀有的一类，虽然人数不多，但是他们研究水下火山喷发的成果却对于理解我们这个行星的地质变化十分重要。有时火山喷发之后，水下火山学家会研究海面上那些充满空气的浮石的大小和成分。这些漂浮的岩块能告诉科学家许多关于水下火山喷发的威力和大小的信息。不久之前，海面上就出现了一大团浮石，面积足有一个以色列这么大！

行星地质学家借助人造卫星获得的数据研究太空中的火山。

虽然水下火山学家会亲自坐船出海考察，但他们也常常依赖水下机器人来记录火山活动，因为有的水域压力太大、温度也太高，人类的身体是无法承受的。

行星地质学家研究的是太空中的火山，可惜的是他们无法实地去考察那些火山，他们大量的工作都是在天文台里完成的。比如他们会用光谱仪之类的工具观察木星上的火山活动——光谱仪是一种测量光线波长的工具。说出来可能难以置信，虽然这个行星和地球相距了几百万千米，但这些波长却能告诉科学家许多关于某个行星的信息，比如它的岩石是由什么成分组成的？它的气体温度有多高？行星火山学家先收集某个行星上的火山数据，然后利用这些数据在其他天体上寻找火山，并判断那些天体上是否有火山活动。

一位名叫罗萨莉·洛佩斯的行星火山学家创造了发现活火山数量最多的世界纪录。她总共发现了73座，而且全部都位于木星的卫星木卫一上。

一位水下火山学家正在考察拉斯格梅勒斯海山。

火山学家的工具箱里都有什么？

把机器人带来！

有时候火山温度太高，科学家不能近距离地亲身研究它们，这时他们就会派出机器人。没错：这些遥控机器人能替他们完成一些“烫手”的工作！其中的一部是长着八条腿的机器人但丁，人们把它放到了南极洲的埃里伯斯火山，使它成为了第一位人类之外的火山“科学家”。但丁花了几天时间下到火山口收集数据，接着将数据通过卫星传送到了一间实验室，最后人们再把它从火山口吊出来。

机器人对于水下火山学家特别有用，因为它们能进入水淹的火山通道，在那里观察、拍摄火山灰和松软的熔岩从通道中喷出的情景。比如2008年，火山学家就用遥控气象气球测量了从夏威夷的基拉韦厄火山口喷出的二氧化碳和二氧化硫。机器人能降低一些火山研究的危险，还能前往人类不能到达的地方。但是许多火山学家仍然受到火山的诱惑，想亲自去现场观察它们。

火山和气候变化

由于气候变化，我们的行星正变得越来越热。这会影响像二氧化硫之类的火山气体进入大气的高度。科学家认为，当气候变热，火山中喷出的气体和微粒就不会再上升到同温层，而是会卡在较低的对流层。一旦这些气体和微粒被困在了这里，它们就到达不了同温层，也无法在那里为我们抵挡太阳

一项危险的事业

做实地研究的火山学家会面临许多危险。最容易让人想到的是因为吸入有毒的气体而病倒、被飞溅的火山碎屑砸中，或是掉进地上的裂缝里被炎热的熔岩烫伤。但是火山学家还要担心其他危险，比如遭遇野生动物。那些到偏远地区研究火山的科学家，他们的营地受到过各种野兽的侵犯，比如被食物的香味吸引到营地来的熊。有一位火山学家在阿拉斯加研究火山时，曾经遭遇了黑熊、棕熊和灰熊。

云仙岳火山在1991年5月29日突然喷发，引发了破坏性极大的火山碎屑流。

甚至有极少数火山学家还因为研究丢掉了性命。卡迪亚·克拉夫特和莫里斯·克拉夫特夫妇因为拍摄壮丽的熔岩流视频而出名，他们周游世界，去各地观看那些壮观而极度危险的火山喷发的场景。但是1991年，当他们在日本拍摄云仙岳火山喷发时，却被一股火山碎屑流给卷走了。他们的死亡体现了火山那不可思议的威力：即便是专家也并不是总能预测火山的行为。

的热量，而是会随着雨水直接落回地面。全世界的科学家都在努力拼出气候变化的全貌，现在看来，火山也是这幅巨大拼图中的一块。

熟悉火山警报

火山学家从仪器、观察和动手工作中收集的所有信息都会送到实验室，在那里交给电脑和其他科学家分析。将这些数据汇总之后，一幅描绘火山性格的图画就浮现出来了。科学家对火山的了解越是透彻，他们预测火山喷发的能力就越是准确。

奋进号航天飞机上的宇航员拍到了堪察加半岛上约18，300米高的烟柱。

那么，当科学家确定了一座火山将会喷发时，他们又是怎么把这个消息传送出去的呢？首先，火山观测站的工作人员会定期向公众发布火山状态与活动公报。这些公报你可以在观测站的网页上浏览，比如美国地质勘探局就维护着这样一个网页，常年监测美国境内的火山。每月、每周和每天，火山观测站都会发布公报，如果形势需要的话，还会每小时发布一次。这些公报的内容包括了气体喷发和地震等情况。当一座火山真的喷发时，公报中还会报道关于火山泥流、熔岩和火山碎屑流的信息，以及空气中的火山灰含量。火山警报分成几个等级，最低的是“正常”（normal），表示火山很安静；较高一级是“建议关注”（advisory），这时火山开始有动静了；再高一级是“密切关注”(watch)，这时火山已经有了喷发的势头，但谁也不知道它什么时候会喷发。

最高的一级是“喷发预警”（warning alert）。当一座火山即将爆发时，观测站的科学家就会发出这样的警报。他们还会提醒各个政府机构注意火山喷发可能造成的风险：人员是否需要疏散？如果需要的话，那么要疏散多少人？他们又该疏散到多远的地方？人们有多少时间可以撤退到安全的地方？

火山警报等级术语

每当火山警报的等级发生变化时，观测站都会发布一则火山活动公告。

正常：	火山处于平常的非喷发状态，或者已经从较高的级别降低。表明这时火山活动已经终止、恢复到了不喷发时的状态。
建议关注：	火山表现出了超出已知正常水平的活跃迹象，或者在从较高级别跌落之后，火山活动已经显著降低，但仍受到紧密监控，因为它可能还会再次升高。
密切关注：	火山表现出更高的活动迹象，喷发的可能性上升，但喷发时间仍不明确，或者是火山已经喷发，但是危害有限。
喷发预警：	有害的喷发即将发生、已经发生，或只是暂时停止。

实时警报

美国每一座火山观测站都会发布本区域内所有火山的实时警报。下面是2017年5月17日上午8：48阿拉斯加观测站发布的一则警报，当时博戈斯洛夫火山正处于“喷发预警”状态，一天前，它发生过喷发。

博戈斯洛夫火山2017年大爆发仅发生18分钟时的场景。

阿拉斯加火山观测站公报

美国地质探勘局发布

阿拉斯加时间2017年5月17日周三，上午12：48

（协调世界时2017年5月17日周三，上午8：48）

博戈斯洛夫火山（火山编号#311300）

北纬53度55分38秒　西经168度2分4秒，山顶相对高度150米

当前火山警报级别：喷发预警

当前航空色码：红色

博戈斯洛夫火山于阿拉斯加时间今晚22点32分（协调世界时2017年5月17日6点32分）发生剧烈喷发，持续时间约73分钟。在这之后，附近岛屿上探测到的地震活动和超声波始终平静。此次喷发产生了一朵烟云，据卫星图像显示，它在喷出后沿着一大块云团的边缘朝西南方向移动。

博戈斯洛夫火山目前仍处于活跃状态，未来的发展无法预知。它随时会再次喷发，并产生火山云飘至高空。未来也可能发生以我们目前的数据尚无法探测的低级别喷发活动。这些低级别喷发可能会对临近火山的区域产生危害。

它目前的航空色码仍为“红色”，火山警报级别也仍为“喷发预警”。

美国国家气象局已发布海上天气预报，表明从萨里切夫角至尼科尔斯基的区域可能降下微尘。

根据重要气象情报（SIGMET），未来将有海拔10,363米的火山云出现，航空部门应保持警惕。想了解火山灰云预报，请登录美国国家气象局阿拉斯加航空气象单位的网站查看：http://aawu.arh.noaa.gov/。

USGS

science for a changing world

美国地质勘探局

意大利的埃特纳火山，消防员们正在努力阻止熔岩流。

阿苏山喷发时，日本儿童用护目镜和口罩防护火山爆发产生的灰尘。

科学家还会发布一条红色代码，让机场的航空业者和空中的飞行员知道有一座火山即将喷发、或者已经喷发，好让他们提防喷出的火山灰。

这些不同的机构互相协同工作，持续监测并发布火山的实时情况，他们还要做出安全决策，并决定什么时候提醒公众疏散、什么时候又可以通知他们回家。

有时候，政府机构也会努力降低一次火山爆发带来的危害。比如他们会建造围栏、挖掘壕沟、甚至丢下炸弹，目的都是不让熔岩流经房屋和道路。他们也可能在熔岩上喷洒冷水，让熔岩冷却并停止流动。但这些方法真的有用吗？其实用处并不大。因为熔岩是一种沉重而炽热的物质，当它们大量流动时，靠人力是无法阻止的。

不过我们依然可以采取几种措施，在活性很强的火山面前保证人员和财产的安全。在日本的那些火山活动频繁的区域，人们会给学生们开展疏散演练，并让他们在上学和回家的路上佩戴工地安全帽，好在火山碎屑和其他飞溅的碎屑下保护自己。政府也在道路和高速公路两旁建造了许多混凝土避难所，让人们可以在里面躲避熔岩流，直到救援到来。

还有的安全措施就比较极端了。有时政府会设立隔离区，这些区域紧靠着熔岩流可能经过的地方，谁都不许在里面生活。在加勒比海的蒙塞拉特岛上有一座苏弗里耶尔火山，它在1995年的喷发摧毁了岛上的首府城市，把它整个埋在了火山灰里。现在岛上有超过一半的面积是隔离区，首府也搬到了岛屿的南端。

我们这变化不息的星球

每一天，火山都改变着我们生活的这颗行星。它们也许会在身后留下一片废墟，但是从废墟中也可能产生新的生活！火山的熔岩流为陆地和海洋的生物建立了家园，火山也改变了我们呼吸的空气和海洋里的水。

在有的地方，你甚至可以亲眼看着这些

新科学

是的，火山学家已经拥有倾斜仪和人造卫星之类超厉害的工具，能帮助他们预测火山喷发。但是现在有了更新的发现和设备，或许能让科学家们更好地理解火山。下面就介绍火山学家武器库中的**三件厉害的新工具：**

大部分火山在喷发之前都会有明显的迹象，比如形变、地震频繁。但有的火山却始终躁动不安，科学家不太容易断定火山内部究竟在搞什么名堂。2016年，一支国际科学家团队发现了一个重要的现象：火山在喷发前**会有一段绝对静止的时期。**这段静止期越长，火山喷发时就越剧烈。

科学家通过研究特利卡火山来验证他们关于喷发前绝对静止的理论。

喷发前的埃特纳火山就经历了一段静止时期。

2006年，一支由欧洲和拉丁美洲的科学家组成的团队发明了一种预测火山喷发的方法——用耳朵听。他们开发了一款软件，能将火山的地震活动转化成**声波。**用科学的语言来说，他们发明了将火山活动"可听化"的方法。这下，科学家能够靠倾听火山的"歌声"来理解它的地震模式了。

说起来难以置信，但科学家认为在不久的将来，火山活动或许还能用时钟来测量——但那不是普通的时钟，而是精准至极的**原子时钟。**这些时钟利用原子的活动——原子内部电子和中子的运动来记时。原子时钟是世界上最精密、最准确和最可靠的时钟。研究者认为，当岩浆注满了一间地下岩浆室，它或许会使放置在附近的时钟发生变化、从而和160千米之外的时钟产生速度的偏差。也就是说，在火山的顶部放置一个时钟，就能推测出岩浆是否正在聚集并准备释放了。但目前火山学家仍在验证这个想法，一直到2017年10月为止，他们还没有在现场安装过任何一部原子时钟。

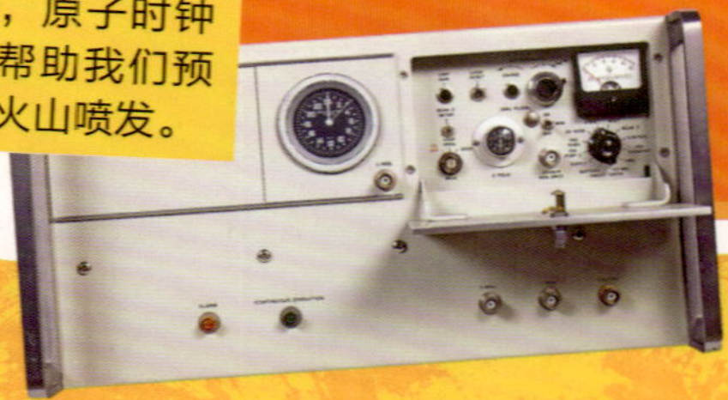

或许有一天，原子时钟会帮助我们预测火山喷发。

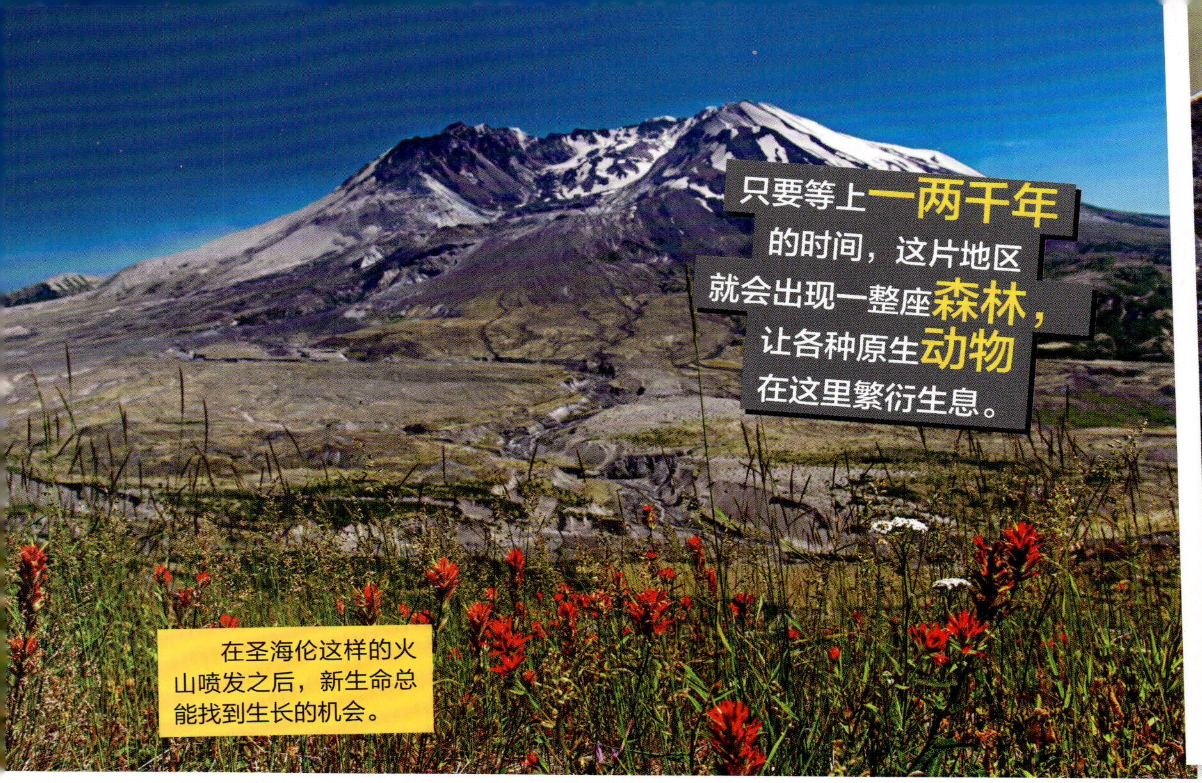

在圣海伦这样的火山喷发之后，新生命总能找到生长的机会。

改变的发生，美国的吉福德·平肖国家森林就是这样一个地方。

1980年，圣海伦火山的喷发几乎将这座森林完全摧毁。但是很快，植物和动物又开始回到这个地区。这个重生的过程缓慢而艰辛，而且始终没有回到华盛顿州的居民所说的“正常”状态。不过自然也创造了新的“正常”，毕竟地球上的生物一直就是这样新旧更替的。

我们有一个专门的名词来称呼这些被火山摧毁的地区出现的新生命——原生演替。在整个生态系统都被火山摧毁，就连土壤都被火山岩取代的情况下，火山岩上长出的第一样东西就是地衣。地衣有一半是真菌（类似蘑菇），另一半是细菌或者藻类。它们不需要土壤就能生长，在火山喷发之后极端严酷的环境中也能生存。它们分泌的酸性物质能分解火山岩，将其转化为土壤。死去的地衣自己也会分解变成土壤。而且地衣在火山喷发不久之后就会出现，还有几种细菌也是如此。这些生物被称为“先锋物种”，它们会率先在火山喷发的地区落户，参与恢复地貌、重建土壤。

蕨类植物和苔藓取代了地衣。

经过了地衣将岩石转化成土壤的最初几年，苔藓就可以在这些土壤上生长了。苔藓也参与了环境重建的过程，并为昆虫营造了一个湿润的家园。随着时间的推移，土壤越积越厚，终于有一天，它的厚度能供蕨类植物生长了。当土壤继续变得更厚，青草也冒了出来，再接着野花绽放，最后灌木和一些小型乔木也在土壤里扎根。只要等上一两千年

火山喷发之后，地衣不需要土壤就能生长。

基拉韦厄火山上，蕨类植物正从岩石里长出。

的时间，这片地区就会出现一整座森林，让各种原生动物在这里繁衍生息。

夏威夷是一个火山活动极为活跃的地区，它也始终在重建自己。在夏威夷生长的生物不同于在华盛顿州生长的生物，因此这两个地方的植被也是不相同的。地处热带的夏威夷有一种非常罕见的植物叫“剑叶菊”，生长在冒纳凯阿火山顶部的岩石土壤中。夏威夷群岛上有的地方很干燥，也有的地方非常潮湿、雨水充沛，这种干湿的区别影响了植物生长的种类和速度。比如在大岛的干旱区，已经冷却了几百年的熔岩流上仍然没有多少青草生长。而在湿润区，刚刚冷却了两年的熔岩流上就已经长出了蕨类植物和小树。

从基拉韦厄火山上流下的绳状熔岩，总有一天这里会长出植物。

火山土对庄稼也大有好处。但同样是种在火山土里的庄稼，有些种类却比别的长得更好。比如咖啡、葡萄和蓝莓都喜欢在富含矿物质的火山土里扎根。

见证火山喷发

如果说火山随时都在改变世界，那我们有机会目睹这个改变世界的过程吗？答案是肯定的！还真的有几座活火山是可以让游客亲眼参观的。其中的一座就离人们居住的地方不远，它就是夏威夷大岛上的基拉韦厄火山。这座火山坐落在美国一个国家公园内部，从1983年开始，它就一直在向外渗出熔岩。游客可以开车在岛上游览，顺便观看火山活动；你可以步行到近处去观看它，也可以在它周围露营，观赏它炽热明亮的熔岩流照亮夜空的景象。

未来世界

一边是构造板块的移动，一边是火山的喷发。久而久之，这两种运动就会改变我们这个行星的面貌。下面是依据科学做出的几条预测：

未来1,000年：维苏威火山将喷发40次，夏威夷群岛将朝西北方向移动约90米，冒纳罗亚火山将喷发200次。

未来10,000年：维苏威火山将喷发数百次，喷出的熔岩足以将它的破火山口索马山填满。夏威夷群岛将朝西北方向移动0.8千米，基拉韦厄火山还会长高100米。在它不远处，罗希海底山将从海床上升高200米，但是它还要再长7米才能到达海洋表面。

未来10万年：夏威夷群岛将朝西北方向移动8.8千米，这可能会使基拉韦厄火山和罗希海底山变得比冒纳罗亚火山更加活跃。基拉韦厄火山至少将长高0.8千米，而罗希海底山将会高高超出海平面。

未来100万年：夏威夷群岛将朝西北方向移动约90千米。喀斯喀特山脉上的一些火山将变成死火山，或是因为破火山口坍塌而沉没。但是新的火山也会开始喷发。只是我们还不知道喷发会在哪里发生……现在暂时还不知道。

环太平洋火山带的另一头是日本的阿苏山火山杂岩。游客可以绕着它的破火山口行走、乘坐缆车到中岳火山——阿苏山的五座活跃的复式火山之一的顶部，并在一口被火山加热的温泉里泡澡。这座火山的上一次喷发在2016年，但科学家至今仍在随时监测它的最新活动。在出发到这里旅游之前，你一定要记得查看关于它的公告和警报。

塞罗内格罗火山藏身在尼加拉瓜的马里比奥斯山脉中间，这座火山渣锥是一座活火山，但上一次喷发已经是1999年了。它的山坡上还覆盖着从前喷发时留下的黑色灰尘，显得毫无生机，不过这也启发了一种新的流行运动：火山滑雪。没错，人们从世界各地前来攀登这座488米高的火山，然后站在一块木板上从山坡上滑下，最高速度可以达到每小时80.5千米。这种运动和单板滑雪或雪橇滑雪很相似，只不过滑的是灰而不是雪。

在塞罗内格罗火山上滑雪！

研究火山陆地

大概没有什么比眼看着火山喷发并形成新的陆地更激动人心的了吧？不过你只要善于观察，就会发现古代的火山喷发和地震变化留下的遗迹随处可见。研究这些遗迹就像在时光中回望，而想象眼前的土地曾经的样子也是一项不错的智力训练。

地球上有两种火山地貌。第一种是“喷出地貌”，当岩浆以熔岩的形式涌到地球的表面并冷却时，就会形成这种地貌。

喷出地貌的例子包括锥形火山通道、洋中脊喷发造成的海底扩张、层层堆积的岩石构成的复式火山、以及夏威夷火山形成的陆地。

还有一个例子位于爱尔兰北部海岸。在那里，柱状岩石组成厚厚的一团，形成了一条通向爱尔兰海的高低不平的路径。这个地方名叫“巨人堤道”。根据传说，这些石块是一个名叫芬·麦库尔的巨人摆下的。但科学研究表明，这些玄武岩石柱，是大约6000万年前两个构造板块分裂、造成熔岩进入海水形成的。大量熔岩入水后几乎立即冷却，但它们表面冷却的时间并不相同。冷却最慢的熔岩形成了最大的石柱，而冷却最快的熔岩形成了最小的石柱。

第二种火山地貌称为“侵入地貌”。当岩浆在涌向地面的途中在地壳中卡住并且硬化，就会形成侵入地貌。“岩基”是侵入地貌中的一种，它们一般是在地壳中形成的花岗岩构成的。时间久了，侵蚀作用就会把它们带到地面。岩基构成了一些山脉的核心，比如美国加利福尼亚州的内华达山脉就是巨大的岩基构成的。

第三种侵入地貌称为“岩盖”。岩盖的形成原理，是岩浆在火山通道中上升，将上方的泥土和岩石顶成了一个蘑菇形状的穹丘。岩盖也会在地下硬化，并通过侵蚀作用暴露到地表。只是它们还没有大到可以形成山岳。它们中的一些我们称为“地垛”，也

巨人堤道的喷出式熔岩柱。

内华达山脉汉弗莱斯山的山顶。

密苏里岩基

我之所以喜欢地质学，有一个原因是这门科学可以帮助我理解周围的世界。我在美国西部开车旅行时发现了这些不可思议的岩层。作为地质学家，我立刻展开了联想：哦，这个是我研究过的某次造山运动形成的，那个是一次滑坡的结果。只要接受过训练，你就能发现这些岩石是在山坡的什么地方剥落的、又是在剥落后滚到什么地方堆积的。就算我从飞机的舷窗向下俯视，我依然能看出一些特征来。比如美国纽约州的五指湖大约是在1万年前由一片后退的冰川塑造的，它们的形状狭长、相互平行，这都透露了它们形成的机制。

我的博士学位是在美国密苏里州获得的。我住在那里时，很喜欢去的一个地方是大象岩州立公园。那里有一种侵入式地貌称为“岩基”。这些岩基异常巨大，看上去就像是从外太空落到地面的巨石。但实际上，它们只是一座早已死亡的火山的供给系罢了。火山学家所说的“供给系”，指的是一座火山内部复杂的岩浆室和火山通道。我们并不清楚一个供给系里包含了多少个岩浆室或是火山通道，又或者它们是怎样排列的。我们唯一知道的是岩浆在发源之后就是通过这些岩浆室和火山通道来到地面的。地球内部产生的岩浆，大约只有10%能够到达地面，其余的90%都会留在地下凝结。这个现象有好几种原因，有时是因为岩浆的冷却速度太快，来不及向地面移动；有时是因为岩浆内部的气体太少，本来就移动不了多远；也可能是岩浆室里本来就没有足够的岩浆，达不到喷发的条件。无论是什么原因，总之岩浆在喷出之前就凝结了。千万年过去了，它们周围的土地遭到侵蚀，这些侵入物就成了唯一留存的地貌。

美国大象州立公园的岩基是一处很受欢迎的攀岩地点。它们还是粉红色的，观赏起来也很有趣！

阿里安娜·索尔达蒂

阿里安娜在大象岩州立公园拍摄的岩基照片。

公园里分布着许多粉红色的花岗岩。

独一无二的希普罗克峰是火山颈的残留。

尖顶国家公园的熔岩尖刺。

就是顶部平坦的小丘。美国的蒙大拿州和科罗拉多州都可以看到许多这样的小丘。

侵入地貌还有其他几种形式。岩浆似乎能将自身塑造成任何形状，比如碟子形（岩盆）、波浪形（岩鞍）或是床单形（岩床和岩脉）。但是看遍全世界，有一些地貌却是极不寻常的，它们和别处的任何地貌都不一样。比如希普罗克峰就是一个例子。这块高457米的岩石耸立在美国新墨西哥州的沙漠当中。它是岩浆在火山通道中凝固后的残留。这种岩层称为“火山颈”。当火山死亡并被渐渐侵蚀，最后剩下的就是这些高耸崎岖的结构了。

在美国加利福尼亚州的尖顶国家公园，你可以看到各种各样的岩石结构，它们都是由火山活动塑造的。但是每一种结构都是在不同的时间、通过不同的方式形成的。公园里最突出的一处火山地貌是那些高约30米的熔岩尖刺。这些尖刺的学名叫“化石喷气孔”（fossil fumaroles），它们是马扎马火山在7,700年前快要倒塌的时候形成的。倒塌前，马扎马火山一直在喷射一种由浮石构成的熔岩，但它们一喷出就被山上崩落的更沉重的岩石掩埋了。与此同时，火山内部的火山通道还在不断喷出灼热的气体，将掩埋的浮石塑造成了如混凝土一般坚固、但是往往中空的尖刺。它们看起来有点儿像是巨人用潮湿的沙子堆成的沙堡。

我们已经了解了许多关于火山的知识，但是关于那些塑造了这个世界的奇妙火山，我们还有许多不知道的知识需要学习。下一个重要发现会是谁的功劳？会是你吗？

知识大爆炸！

自己造一次火山喷发

这个试验会产生剧烈的喷射，所以我们建议你还是到室外开展，方便事后清洁。为了达到最佳的实验效果，你可以把可乐瓶装饰成火山的样子！

实验需要的器材：

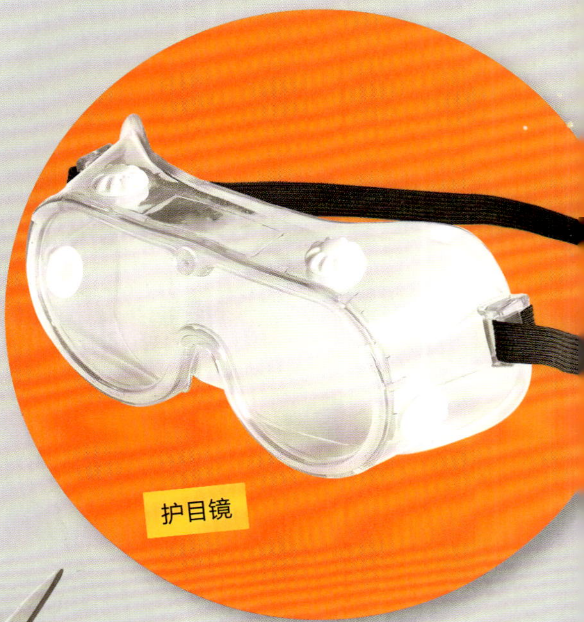

（用普通可乐也行，但是普通可乐中的糖分会限制喷发的威力。）

实验步骤：

1. 将索引卡剪成一个圆形，然后卷成一个漏斗，这个漏斗可以用来将大量的曼妥思一次性倒进可乐瓶里。
2. 打开可乐瓶盖，撕开曼妥思的包装。
3. 将可乐瓶放在平坦坚固的地面上，最好是放到室外。
4. 戴上护目镜来保护眼睛。
5. 将漏斗插进可乐瓶里，并一次性倒入五颗曼妥思。
6. 拿走漏斗，后退几步。

然后就来感受喷发吧！

曼妥思的作用是加速可乐中苏打水的起泡现象，而起泡加速就会引起喷射。

你可以更换可乐瓶的大小和曼妥思的数量，再重复实验几次，对比看看每次喷发的高度和时长有什么不同。

拓展阅读

丹尼斯·弗雷丁、朱迪斯·弗雷丁，《火山！2010年冰岛火山爆发及其他炽热、烟雾缭绕、猛烈爆发的火山》，美国国家地理，2010年出版。

凯西·弗尔冈、卡斯滕·彼得，《美国国家地理 知识小百科：火山和地震》，美国国家地理，2013年出版。

安妮·施莱伯，《美国国家地理少年儿童版 火山！》，美国国家地理，2011年出版。

南西·霍诺维奇，，终极探险家野外指南：岩石和矿物》，美国国家地理，2016年出版。

卡斯顿·彼得，《地球之最：卡斯顿·彼得在火山、岩洞、峡谷以及遥远地区的探险之旅》，美国国家地理，2015年出版。

琼·玛丽·加特，《美国国家地理 少儿小百科 高级 火山》，美国国家地理，2017年出版。

阿里安娜在法属留尼旺岛的富尔奈斯火山顶上俯视云层。

阿里安娜站在留尼旺岛的富尔奈斯火山上的一条裂缝上方。

阿里安娜坐在法国的多姆山链的一枚熔岩弹上。

图片出处

ASP: Stock Photo; GI: Getty Images; SCI: Science Source; SS: Shutterstock

1, Bychkov Kirill/SS; 2~3, Digital Vision; 4, (ASH) John Weinstein/Field Museum Library/GI; 4, (Stromboli) Rainer Albiez/SS: 4, (Kilauea) Yvonne Baur/SS; 4, (sign) Gavin Dickinson/ASP; 4, (Kimberlite) Harry Taylor/Dorling Kindersley/GI; 5, (Bali) CHEN WS/SS; 5, (Fournaise) Gabriel Barathieu/ASP; 5, (Postcard) Courtesy Girl Friday Productions; 6, Courtesy Arianna Soldati; 7, Courtesy Arianna Soldati; 8~9, Rainer Albiez/SS; 10, (UP) Courtesy Arianna Soldati; 10, (LO) incamerastock/ASP; 11, (UP LE) Alex GK Lee/SS; 11, (UP RT) Gavin Dickinson/ASP; 11, (LO) Berzina/SS; 12, (LE) Berzina/SS; 12~13, (CTR) Kydpl Kyodo/AP Images; 13, (UP RT) Courtesy NASA; 13, (LO RT) Somchai Som/SS; 14, (UP) Courtesy NASA/JPL-Caltech/ESA; 14, (CTR) Courtesy NASA/JPL; 14, (LO) Courtesy NASA/JPL; 15, (UP) Courtesy NASA/JPL; 15, (LO) David Aguilar/NGS; 16, (UP) Dotted Yeti/SS; 16, (LO) Courtesy NASA/JPL/USGS; 17, (UP) Stocktrek Images/GI; 17, (CTR) Courtesy NASA/JPL/USGS; 18, (UP) MNStudio/SS; 18, (LO) Courtesy Joshua Stevens/NASA Earth Observatory/NOAA; 19, (UP) Woods Hole Oceanographic Institute; 19, (LO LE) Courtesy UCSB, Univ. S. Carolina, NOAA, WHOI; 19, (LO RI) Spencer Sutton/SCI; 20, (UP) Courtesy New Zealand-American Submarine Ring of Fire 2005 Exploration; NOAA Vents Program; 20, (LO) Courtesy Pacific Ring of Fire 2004 Expedition and the NOAA Office of Ocean Exploration/Dr. Bob Embley, NOAA PMEL, Chief Scientist; 21, (UP) Michael DeFreitas/robertharding/ASP; 21, (LO) Courtesy Schmidt Ocean Institute; 22, Robert Madden/National Geographic Creative; 23, (UP) Courtesy Library of Congress; 23, (LO LE) Pend Zhuang/Dreamstime; 23, (LO RT) Jorge Santos/age fotostock/ASP; 24, Loetscher Chlaus/ASP; 25, (UP) Du Boisberranger Jean/Hemis/ASP; 25, (CTR) Virz87/Dreamstime; 25, (LO) Mike Lyvers/Moment Open/GI; 26, (UP) Courtesy Arianna Soldati; 26, (LO) Rainer Albiez/SS; 27, NGS MAP; 28, (UP) Karsten Wrobel/image-BROKER/ASP; 28, (LO) Courtesy National Geophysical Data Center/USGS/NOAA; 29, (UP) Courtesy U.S. Geological Survey/USGS-HVO; 29, (LO LE) Garcia Julien/Hemis/ASP; 29, (LO RT) Nokuro/SS; 30, (UP LE) Courtesy R. Hadian, U.S. Geological Survey/NOAA; 30, (UP RT) Courtesy R. Hadian, U.S. Geological Survey/NOAA; 30, (CTR) Vacclav/SS; 30, (LO LE) Aman Rochman/AFP/GI; 30, (LO RT) Martin Rietze/Stocktrek Images, Inc./ASP; 30~31, (CTR) Richard Roscoe/Stocktreck Images, Inc./ASP; 31, (UP LE) Tom Pfeiffer/Smithsonian; 31, (UP RT) Luc Olivier/Photononstop/ASP; 31, (CTR) Byelikova Oksana/SS; 31, (LO LE) Jacques Langevin/Sygma/GI; 31, (LO RT) Adam Majendie/Bloomberg via GI; 32, (UP LE) marekuliasz/SS; 32, (LO LE) marekuliasz/SS; 32, (LO RT) Zigzag Mountain Art/SS; 33, (notebook) Shutter_M/SS; 33, (UP RT) marekuliasz/SS: 33, (LO RT) Dmitry Bruskov/SS; 34~35, Yvonne Baur/SS; 36, (UP) Courtesy Arianna Soldati; 36, (LO) incamerastock/ASP; 37, (UP LE) David Coleman/ASP; 37, (UP RT) Gavin Dickinson/ASP; 37, (LO) Courtesy Arianna Soldati; 38, Chris Butler/

SCI; 39, (UP) Planetary Visions Ltd/SCI; 39, (LO) Planetary Visions Ltd/SCI; 40, (CTR) Joe Belanger/SS; 40, (LO) Gary Hincks/SS; 41, (LO LE) Martin Rietze/Stocktrek Images, Inc./ASP; 41, (LO RT) Mark Garlick/SCI; 42, (UP) Andrea Danti/SS; 42, (LO) Arlan Naeg/AFP/GI; 43, (UP LE) Tony Roberts/Corbis Documentary/GI; 43, (CTR) Martin Siepmann/imageBROKER/ASP; 43, (LO) Michael Szoenyi/SCI; 44, (CTR) SCI; 44, (LO LE) Corbis/GI; 44~45, (CTR) Ted Streshinsky/Corbis Documentary/GI; 45, (CTR) Courtesy Filippo Jean; 45, (LO) Ivoha/ASP; 46, (UP) Iuliia Mashkova/ASP; 46, (LO) Martin Rietze/Stocktrek Images, Inc./ASP; 47, (UP RT) Steve And Donna O'Meara/National Geographic Creative; 47, (LO) Last Refuge/robertharding/ASP; 48, (UP RT) Toshi Sasaki/The Image Bank/GI; 48, (CTR) Allen.G/SS; 48, (LO) Benny Marty/ASP; 49, (UP LE) Ammit Jack/SS; 49, (UP RT) Richard Roscoe/Stocktreck Images, Inc./ASP; 49, (LO) Photo Researchers/Science History Images/ASP; 50, (UP LE) Dana Stephenson/Stringer/GI; 50, (UP RT) Wead/SS; 50, (LO) Jacques Langevin/Sygma/GI; 51, (UP LE) Stephen & Donna O'Meara/SCI; 51, (UP RT) Courtesy Arianna Soldati; 51, (LO) www.sandatlas.org/SS; 52, (UP) OAR/National Undersea Research Program/SCI; 52, (CTR) tom pfeiffer/ASP; 52, (LO) kavram/Zoonar GmbH/ASP; 53, (UP) Carsten Peter/National Geographic Creative; 53, (LO) Dirk Wiersma/SCI; 54~55, NGS MAP; 54, (UP) Wollertz/SS; 54, (CTR) Kim Briers/SS; 54, (LO LE) Vladimir Tamofeev/Dreamstime; 54, (LO RT) Courtesy NASA; 55, (UP LE) Paul J Martin/SS; 55, (UP RT) Natalia Gornyakova/SS; 55, (LO LE) Courtesy NASA; 55, (LO RT) The Asahi Shimbun via GI; 56, (UP LE) Pung/SS; 56, (UP RT) Greg Vaughn/ASP; 56, (LO) Doug Perrine/Nature Picture Library/ASP; 57, (UP LE) Tom Pfeiffer/ASP; 57, (UP RT) Dirk Bleyer/imageBROKER/ASP; 57, (LO LE) Ulrich Doering/ASP; 57, (LO RT) Courtesy CSIRO; 58~59, Chen Ws/SS; 60, (UP) Courtesy Arianna Soldati; 60, (LO) incamerastock/ASP; 61, (UP LE) Courtesy Arianna Soldati; 61, (UP RT) Gavin Dickinson/ASP; 61, (LO) Marion Bull/ASP; 62, (LO LE) Andrew Zarivny/SS; 62~63, (CTR) Library of Congress; 63, (UP) George H.H. Huey/ASP; 63, (LO RT) Eduard Moldoveanu/SS; 64, (UP) Sarakin Sawasdinaka/SS; 65, (UP LE) Courtesy Arianna Soldati; 65, (UP RT), Budkov Denis/SS; 65, (CTR LE) Hal Gage/Design Pics Inc/ASP; 65, (CTR RT) Michael Szönyi/imageBROKER/ASP; 65, (LO LE) ZUMAPress Inc/ASP; 65, (LO RT) Footage Lab/SS; 66, Kim Kulish/Corbis via GI; 67, (UP) Ann Ronan Pictures/Print Collector/GI; 67, (LO) De Agostini Picture Library/G. Dagli Orti/Bridgeman Images; 68, (UP) Harry Hook/GI; 68, (CTR) Corbis/GI; 68, (LO) Kai Honkanen/PhotoAlto sas/ASP; 69, Blend Images/ASP; 70, (UP) Mike Lyvers/GI; 70, (LO) Rakel Osk Sigurda/NordicPhotos/GI; 71, (UP) Mauricio Handler/National Geographic Creative; 71, (LO) Leonard Zhukovsky/SS; 72, (UP LE) Jennifer Bosvert/SS; 72, (LO) Harry Taylor/Dorling Kindersley/GI; 72~73, (UP CTR) aerial-photos.com/ASP; 73, (UP RT) Courtesy NASA/GSFC/Jeff Schmaltz/MODIS Land Rapid Response Team; 73, (LO) Xpacifica/National Geographic Creative; 74, (UP) Inga Spence/ASP; 74, (LO) Hagenmuller Jean-FranÐois/Hemis/ASP; 75, (UP LE) Atw Photography/Photolibrary/GI; 75, (UP RT) BlueOrange Studio/SS; 75, (LO) blickwinkel/Meyers/ASP; 76, (UP) Kevin Schafer/

ASP; 76, (LO) Courtesy Arianna Soldati; 77, Courtesy US Forest Service/US Forest Service/Mount St. Helens National Volcanic Monument/USGS; 78, (UP) AP Photo/Ed Andrieski; 78, (LO) Prof. Stewart Lowther/Science Photo Library/GI; 79, (UP LE) Courtesy USGS; 79, (UP RT) Dan Cazalet 2017; 79, (LO) Spring Images/ASP; 80, (UP) Courtesy USGS; 80, (LO) Courtesy NIO Pakistan; 81, (UP) Alexander Mazurkevich/SS; 81, (LO) Carsten Peter/National Geographic Creative; 82, Pixsooz/SS; 83, (water bottles) Africa Studio/SS; 83, (canned food) Carlos Caetano/SS; 83, (passport, money) Nelson Marquez/SS; 83, (pet food) wk1003mike/SS; 83, (map) HomeStudio/SS; 83, (medication) Feng Yu/SS; 83, (first aid kit) Mega Pixel/SS; 83, (radio) dcwcreations/SS; 83, (gas can) Volodymyr Krasyuk/SS; 83, (batteries) maxim ibragimov/SS; 83, (flashlight) Petr Malyshev/SS; 84~85, Gabriel Barathieu/BIOSPHOTO/ASP; 86, (UP) Courtesy Arianna Soldati; 86, (LO) incamerastock/ASP; 87, (UP LE) Courtesy Arianna Soldati; 87, (UP RT) Gavin Dickinson/ASP; 87, (LO) Courtesy Arianna Soldati; 88, (LO LE) Jeremy Bishop/Science Photo Library/GI; 88, (LO RT) Philippe Bourseiller/The Image Bank/GI; 89, (LO LE) Courtesy International Space Station Imagery/NASA; 89, (LO RT) Douglas Peebles/Corbis Documentary/GI; 90, (UP) Courtesy ISS020/NASA; 90, (LO) tom pfeiffer/ASP; 91, (UP) Courtesy USGS; 91, (LO) Courtesy International Space Station Imagery/NASA; 92, (UP) Courtesy USGS; 92, (LO) Courtesy USGS; 93, (UP) Encyclopaedia Britannica/UIG/GI; 93, (LO) Brian Skerry/National Geographic Creative; 94, (sample bag) snyferok/iStockphoto; 94, (gas mask) Adem Demir Indoor/ASP; 94, (notebook) Shutter_M/SS; 94, (pencil) Ruslan Ivantsov/SS; 94, (heat suit) sspopov/SS; 94, (flashlight) Pincarel/Dreamstime; 94, (sunscreen) Mybona/SS; 94, (walkie-talkies) Oliver Jenkins/SS; 94, (glow stick) Trevor Chriss/ASP; 94, (magnifying glass) Vitaly Korovin/SS; 94, (hammer) Volkop/Dreamstime; 94, (drill) © Ingram; 94, (climbing gear) Swinnerrr/Dreamstime; 94, (laser range finder) Vitaliy Shabalin/Zoonar GmbH/ASP; 94, (gloves) Florin Burlan/SS; 94, (first aid kit) Volodymyr Krasyuk/SS; 94, (pick) MiniStocker/SS; 94, (water bottle) Kidsada Manchida/SS; 94, (backpack) Runrun2/SS; 95, Sankei Archive/GI; 96, Courtesy NASA; 97, (UP) Courtesy USGS; 97, (paper) estherpoon/SS; 97, (USGS text) Courtesy Alaska Volcano Observatory (AVO)/USGS; 97, (logo) Courtesy USGS; 98, (UP LE) Vittoriano Rastelli/Corbis Historical/GI; 98, (UP RT) The Yomiuri Shimbun via AP Images; 99, (UP) James Wagstaff/SS; 99, (CTR) Marco Calandra/SS; 99, (LO) James Stevenson/Dorling Kindersley/GI; 100, (UP) John Trax/ASP; 100, (LO) Mint Images - Frans Lanting/GI; 100~101, (CTR) Astrid Hinderks/ASP; 101, (UP RT) Radius Images/ASP; 101, (LO) David Fleetham/ASP; 102, (RT) Bigfoot Hostel/Barcroft Media/GI; 102~103, (CTR) Joe Gough/SS; 103, (RT) Tom Grundy/ASP; 104, (UP) Courtesy Arianna Soldati; 104, (LO LE) Courtesy Arianna Soldati; 104, (LO RT) Courtesy Arianna Soldati; 105, (LE) Lauren Orr/SS; 105, (RT) Ralph Grimshaw/ASP; 106, (soda) Steve Cukrov/SS; 106, (index card) photastic/SS; 106, (scissors), Butterfly Hunter/SS; 106, (goggles) Shakeyimages/Dreamstime; 106, (mints) David J. Green/ASP; 107, (UP) Edward Kinsman/SCI/GI; 107, (LO) Edward Kinsman/SCI/GI; 108, (ALL) Courtesy Arianna Soldati

本书献给下一代的火山探索家。

——阿里安娜·索尔达蒂

本书献给艾达，她向来喜欢又大又响的爆发。

——莉拉·纳尔吉

著作权合同登记号图字：01-2019-1625

图书在版编目（CIP）数据

美国国家地理超级专家．火山 /（美）莉拉·纳尔吉，（意）阿里安娜·索尔达蒂著；高天羽译．-- 北京：中国纺织出版社有限公司，2020.5

书名原文：Absolute Expert：Volcanoes

ISBN 978-7-5180-7163-0

Ⅰ．①美… Ⅱ．①莉… ②安… ③高… Ⅲ．①科学知识—青少年读物②火山—青少年读物 Ⅳ．① Z228.2 ② P317-49

中国版本图书馆 CIP 数据核字 (2020) 第 027830 号

责任编辑：王　慧　　责任印制：储志伟　　责任校对：王花妮
特约编辑：王　蓝　　美术编辑：卓　尔

中国纺织出版社有限公司出版发行
地址：北京市朝阳区百子湾东里 A407 号楼　邮政编码：100124
销售电话：010—87155894　传真：010—87155801
http://www.c-textilep.com
官方微博 http://weibo.com/2119887771
北京博海升彩色印刷有限公司印刷　各地新华书店经销
2020 年 5 月第 1 版第 1 次印刷
开本：787×1092　1/16　　印张：7
字数：100 千字　　定价：88.00 元

凡购本书，如有缺页、倒页、脱页，由本社图书营销中心调换

自1888年起，美国国家地理学会在全球范围内资助超过12,000项科学研究、环境保护与探索计划。学会的部分资金来自National Geographic Partners, LLC，您购买本书也为学会提供了支持。本书所获收益的一部分将用于支持学会的重要工作。更多详细内容，请访问natgeo.com/info。

致谢

我要衷心感谢我的父母、伴侣和朋友，谢谢他们一直以来支持我对火山的热爱。还要感谢《美国国家地理》杂志鼓励我对火山的探索。也谢谢我的博士生导师引领我研究火山。

——阿里安娜·索尔达蒂

十分感谢女生星期五出版社（Girl Friday Production）和《美国国家地理》让我加入了这个有趣而奇妙的项目。

——莉拉·纳尔吉

本书的作者和出版商由衷感谢本书的制作团队：责任编辑：谢尔比·利斯；编辑助理：凯瑟琳·威廉姆斯；艺术主管：阿曼达·拉森；图片编辑：莎拉·J.莫克及希拉里·安德鲁斯；制作编辑：琼·戈塞特；出品助理：安妮·莱昂森和古斯·特洛。

绿色印刷　保护环境　爱护健康

亲爱的读者朋友：

本书已入选“北京市绿色印刷工程——优秀出版物绿色印刷示范项目”。它采用绿色印刷标准印制，在封底印有“绿色印刷产品”标志。

按照国家环境标准（HJ2503-2011）《环境标志产品技术要求印刷第一部分：平版印刷》，本书选用环保型纸张、油墨、胶水等原辅材料，生产过程注重节能减排，印刷产品符合人体健康要求。

选择绿色印刷图书，畅享环保健康阅读！

北京市绿色印刷工程